Helga Gürtler

Regeln finden ohne Tränen

Helga Gürtler

Regeln finden ohne Tränen

So lösen Sie Konflikte in der Familie

In Zusammenarbeit mit dem Deutschen Kinderschutzbund (DKSB)

Weitere Bücher zum Thema:
Dr. Jo-Jacqueline Eckardt: Regeln finden, Regeln einhalten
ISBN 3-332-01440-4
Dr. Rolf Heiderich/Gerhart Rohr: 1 x 1 der Erziehungsfragen
ISBN 3-332-01543-5
Paula Honkanen-Schoberth: Starke Kinder brauchen starke Eltern
ISBN 3-332-01346-7

Die Autorin: Helga Gürtler ist Kindertherapeutin und Psychologin und eine der renommiertesten und erfolgreichsten Autorinnen in Deutschland auf dem Gebiet der Kinderpsychologie und Pädagogik. Sie lebt in Berlin und hat drei Kinder.

Bibliografische Information der Deutschen Bibliothek
Die Deutsche Bibliothek verzeichnet diese Publikation in der Deutschen Nationalbibliografie; detaillierte bibliografische Daten sind im Internet über http://dnb.ddb.de abrufbar.

Urania Verlag
in der Verlagsgruppe Dornier GmbH
Postfach 80 06 69, 70506 Stuttgart

www.urania-verlag.de
www.verlagsgruppe-dornier.de

© 2002 Urania Verlag, Stuttgart
in der Verlagsgruppe Dornier GmbH
Alle Rechte vorbehalten

Umschlaggestaltung: Behrend & Buchholz, Hamburg
Titelfoto: Image Bank / Britt Erlanson
Fotos: Heidi Velten
Redaktion: Jeanette Stark-Städele
Satz: Thoms Buchdesign, Berlin
Druck: Westermann Druck Zwickau
Printed in Germany

ISBN 3-332-01310-6
ISBN 978-3-332-01310-8

Inhalt

Vorwort

Klar, Erziehung in der Familie ist weitestgehend abhängig von den Beziehungen, die die Familienmitglieder untereinander eingehen, pflegen und weiterentwickeln. Wer sich geschätzt und akzeptiert fühlt, ist bereit, auf den anderen einzugehen. Und diese Bereitschaft ist nun einmal der Nährboden jeder guten Erziehung.

Die beste Beziehung befreit aber nicht davon, für das Zusammenleben Regeln zu finden. Regeln sind nicht nur wichtig, damit man sich selber daran hält, sondern die Regeln für das menschliche Miteinander beugen Konflikten vor und vermitteln Sicherheit. Und ohne Sicherheit können sich Kinder nicht entwickeln. Sie brauchen Verlässlichkeit, um zum Beispiel Vertrauen zu fassen.

Wenn Regeln aber lediglich von den Eltern verkündet werden und sich die Kinder daran halten müssen, werden sie diese Regeln nicht als ihre eigenen empfinden. Und so sinkt die Chance rapide, dass sie sich daran halten.

Regeln in der Familie müssen deshalb gemeinsam entwickelt werden und jeder, auch die Kinder müssen den Eindruck haben, dass es ihre Regeln sind.

Wie dieser Prozess gut und sinnvoll zu gestalten ist, das verrät Helga Gürtler sehr einfühlsam auf der Basis ihres großen pädagogischen Wissens.

So bleibt mir, Ihnen eine gute und anregende Lektüre dieses Ratgebers zu wünschen. Nicht zuletzt wird er Ihnen helfen, Ihre Rolle als Vater oder Mutter stressfreier zu spielen, ja gestalten zu können.

Heinz Hilgers
Präsident des Deutschen Kinderschutzbundes

Einführung

Kindererziehung ist kein Lehrberuf, in dem man zunächst theoretische Kenntnisse erwirbt und dann zunehmend schwierigere Aufgaben möglichst fehlerfrei absolviert. Man wird sofort hineingeworfen ins volle Menschenleben. Und ob man etwas gut gemacht hat, weiß oder ahnt man oft erst hinterher – wenn es knirscht, wenn es Probleme gibt, wenn es nicht so läuft, wie man sich das vorgestellt hatte. Kein lebendiger Mensch kann Kinder erziehen, ohne Dinge zu tun, die er hinterher für falsch hält. Er müsste schon ein Mensch gewordenes pädagogisches Lehrbuch sein. Aber welches Kind würde wohl gern mit einem pädagogischen Lehrbuch aufwachsen?

Ich möchte eine Art Handbuch für gestresste Eltern schreiben, die mit den eigenen Künsten nicht immer zufrieden sind – wer ist das schon? Ich werde viele anschauliche Beispiele bringen, die Sie in ähnlicher Weise vielleicht selbst erleben. So erkennen Sie, dass Sie nicht allein sind mit Ihrem Ärger, viele andere haben genau die gleichen Probleme. Anhand dieser Beispiele werde ich aus psychologischer Sicht erklären, „was passiert, wenn ...", warum eine bestimmte Reaktion häufig die oder jene ganz unerwünschte Wirkung hat. Das legt natürlich nahe, dass man dies eher tun, jenes lieber vermeiden sollte. Ob Sie diesen Vorschlägen folgen wollen und wie Sie das theoretisch Akzeptierte in praktisches Handeln umsetzen wollen, das müssen aber Sie selbst entscheiden. Man kann solche Erziehungsratschläge nicht nachmachen wie ein Kochrezept. Denn wenn sie aufgesetzt wirken, unecht, wenn sie nicht wirklich zu Ihnen passen, dann werden sie auch keinen Erfolg haben.

Für eine demokratische Erziehung

Die kurzen und anschaulichen Kapitel dieses Buches sollen sich zusammenfügen zum Bild einer konsequent demokratischen Erziehung, die Kinder als Persönlichkeiten ernst nimmt und ihre Eigenständigkeit fördert, aber die Bedürfnisse und Rechte der Eltern genauso wichtig nimmt. Ich möchte nicht, dass Sie dieses Buch aus der Hand legen mit dem Gefühl, so selbstlos und edel, wie es da von Ihnen verlangt wird, können Sie ja doch nicht sein.

Menschen mit etwas Überblick über pädagogische Literatur werden sich vielleicht erinnert fühlen an das Buch von Rudolf Dreikurs und Vicki Soltz: „Kinder fordern uns heraus, wie erziehen wir sie zeitgemäß?" Ich bekenne mich ausdrücklich zu dieser Verwandtschaft und Nachfolge. Als ich jetzt nach vielen Jahren dieses Buch wieder einmal gelesen habe, wurde mir erst bewusst, wie viel von den darin entwickelten Gedanken in meine Beratungsarbeit und in meine Bücher eingegangen ist.

Vieles versuche ich mit Humor zu sehen, obwohl ich zugeben muss, dass einem der manchmal vergeht, wenn man in einem Problem mittendrin steckt. Mit der Zeit macht man jedoch die Erfahrung, dass die Kinder trotzdem gut geraten. Dann wird es leichter, über die eigenen Schwächen und die Pfiffigkeit der Kinder auch mal zu lachen. Und das erleichtert sehr.

Seinen eigenen Stil finden

Erziehen ist nicht kinderleicht. Eltern machen sich oft viele Gedanken und lassen sich von vielerlei Meinungen beeinflussen. Und sie haben oft das Gefühl, „es" nicht richtig zu machen. Doch ein individueller, ehrlicher und familiengerechter Erziehungsstil muss keineswegs perfekt sein, kommt dem Kind jedoch am meisten zugute.

Eltern sind auch nur Menschen

In den Köpfen vieler Menschen existiert eine recht genaue Vorstellung davon, wie gute Eltern zu sein haben.

Gute Eltern sind angeblich immer gütig und verständnisvoll, nur um das Wohl des Kindes besorgt, stets bemüht, das eigene Verhalten kritisch zu überprüfen. Außerdem haben Eltern in Frieden und Eintracht miteinander zu leben, in Sachen Erziehung stets an einem Strang zu ziehen. Dann sind auch die Kinder lieb und freundlich und geraten prächtig. So jedenfalls der allgemeine Anspruch.

Eine Mutter, deren Kinder mehrmals täglich überhaupt nicht nett, sondern unausstehlich sind, die mindestens einmal täglich ganz unpädagogisch aus der Haut fährt, beruflichen Stress manchmal an den Kindern auslässt oder oft Streit mit dem Partner hat, muss den Eindruck haben, dass sie im Kreise der „pädagogisch wertvollen" Familien eine Ausnahme ist und da eigentlich nicht hingehört. Das muss mal gerade gerückt werden!

Es ist nicht wahr, dass das Erziehen und das Familienleben bei den meisten anderen besser funktioniert als bei Ihnen!

Auch um die Eintracht der Erziehenden ist es meist nicht so gut bestellt. Statt einer klaren gemeinsamen Erziehungshaltung gibt es häufiger Streit, gerade wegen der Kinder! Wie oft gerät dann die Mutter zwischen den Vater, der zu wissen glaubt, wie es gemacht werden muss, und die Kinder, bei denen das einfach nicht durchsetzbar ist. Und dann wird jongliert, vertuscht und ausgebügelt, damit man so einigermaßen zurechtkommt.

Und alle Eltern reagieren gelegentlich ohne hehre pädagogische Ziele, einfach um ihre Ruhe zu haben oder Sieger zu bleiben. Eltern sind eben auch nur Menschen.

… und Kinder sind keine Engel

Eitel Sonnenschein herrscht nirgends!

Und dann sind da die lieben Kleinen. Angeblich sind sie immer lieb, wenn die Eltern sie nur richtig verstehen und entsprechend liebevoll behandeln. Sind die Kinder unausstehlich, machen die Eltern bestimmt etwas falsch. Und so müssen sie neben dem Ärger über die kleinen Biester auch noch ein schlechtes Gewissen haben.

Aber kein Mensch kann den ganzen Tag edel, hilfreich und gut sein – Erwachsene nicht und Kinder auch nicht. Sie fallen uns nicht nur auf die Nerven, weil sie nicht anders können, sondern oft genug auch, weil sie nicht anders wollen! Sie sind sauer auf uns und haben durchaus die Absicht, uns das merken zu lassen. Oder sie haben einfach keine Lust, auf unsere Bedürfnisse Rücksicht zu nehmen, weil das, was sie stattdessen tun wollen, ihnen im Augenblick viel reizvoller erscheint.

Auch Kinder haben das Recht auf Ärger, Wut und schlechte Laune, darauf, gelegentlich einfach eklig zu sein. Sofern sie das auf unsere Kosten tun, müssen wir uns das nicht gefallen lassen. Nicht immer werden wir dann ruhig und gelassen bleiben.

Auf Kinder darf man auch mal wütend sein

Alle Eltern haben hin und wieder das Bedürfnis, aus vollem Halse über ihre Brut zu schimpfen. Das dürfen sie und das brauchen sie auch. Suchen Sie sich Menschen, die das kennen oder nachempfinden können, Verwandte, gute Freunde oder eine Elterngruppe und machen Sie da Ihrem Herzen Luft. Wer nach außen immer nur eitel Nachsicht und Güte sein will, gerät leichter in Gefahr, den ganzen aufgestauten Frust an den Kindern auszulassen. Und das haben die nun auch wieder nicht verdient!

Erziehung als die Kunst des Möglichen

Ich möchte erreichen, dass Sie nichts Unmögliches von sich verlangen. Dass Sie sich dem nicht immer erfreulichen Geschäft des Erziehens mit mehr Gelassenheit widmen können, weil Sie wissen, dass nicht nur bei Ihnen manches danebengeht, dass nicht nur Ihre Kinder einige unausstehliche Eigenheiten haben, dass nicht nur Sie täglich Fehler machen. Und dass trotzdem aus den meisten Kindern ganz normale Erwachsene werden – mal liebenswert und mal unausstehlich, mal tüchtig und mal unfähig, wie ihre Eltern auch. Aber wir können die Fehler, die wir immer wieder machen, nur ohne Beklemmung betrachten, wenn wir uns nicht gezwungen fühlen, sie zu vertuschen und zu verdrängen. Dadurch haben wir größere Chancen, den einen oder anderen beim nächsten Mal zu vermeiden.

Eltern müssen nicht unfehlbar sein

Kein Mensch kann ein Kind großziehen, ohne hinterher an verschiedenen Punkten festzustellen: „Das hätte ich besser anders machen sollen."

Eltern verlangen manchmal von sich, sie müssten von vornherein wissen, wie man es „richtig" macht. Und jedes Hin und Her, jede Änderung kratze an ihrer elterlichen Autorität. Wenn sie zwei Möglichkeiten sehen, sich zu verhalten, glauben sie, nur die eine könne richtig, die andere müsse falsch sein.

Aber so ist das nicht. Ein Kind ist nicht wie das andere; was bei dem einen gut geklappt hat, kann beim anderen ganz schief gehen. Was für die Vierjährige noch sehr passend schien, wird bei der Fünfjährigen immer schwieriger.

> Es zeugt für eine offene, lebendige Erziehung, wenn Eltern den Mut haben, eigene Verhaltensweisen zu überdenken und es mal anders zu probieren. Oft wird dieses andere sich besser bewähren; es kann aber auch sein, dass es danebengeht. Dann müssen sie eben noch einmal neu nachdenken und es noch einmal anders machen.

Wenn man nicht weiß, wie man es am besten macht, ist es manchmal verführerisch, einfach gar nichts zu machen. Aber nichts zu tun, eine Sache einfach so laufen zu lassen, ist oft schlimmer, als im ersten Eifer etwas falsch zu machen und es dann hinterher wieder geradezubiegen.

Keine Angst davor, was „die Leute" denken

Die dreijährige Anna geht mit ihrem Vater zum Einkaufen. Sie findet köstliche Dinge genau in ihrer Greifhöhe in den Regalen. Der Vater protestiert und legt alles wieder zurück. Anna reagiert heftig und wirft sich schließlich mit wildem Geschrei auf den Boden. Alles Zureden hilft nichts. Der Vater fühlt die Blicke aller Anwesenden auf sich gerichtet, wartend auf seine pädagogische Reaktion. Er merkt, wie ihm die

Röte von Ohr zu Ohr und die Stirn hinauf übers Gesicht zieht. Entnervt haut er schließlich dem strampelnden Bündel eins auf den Hintern und stopft es in den Einkaufswagen. Da hört er neben sich eine Frauenstimme: „Lassen Sie sich doch nicht verrückt machen, das kennen wir doch alle."

Die Angst davor, was „die Leute" wohl denken, ist ein schlechter Ratgeber. Sie müssen tun, was Sie für richtig halten. Denn Sie sind Expertin oder Experte für Ihre Kinder, Sie sind für die Erziehung verantwortlich. Oft ist auch gar nicht so sicher, was die Leute denken. Sie sind in der Realität vielleicht weniger kritisch als in der angstvollen Vorstellung in unserem Kopf.

Zu den Konsequenzen stehen

Bei Familie Wolff herrscht jeden Morgen Theater. Jonas und Florian müssen zum Schulbus, Mutter muss los zur Arbeit und vorher Janina im Kindergarten abgeben. Die Mutter muss unentwegt drängeln, mahnen, schimpfen, und wenn endlich alle losgekommen sind, steht ihr Blutdruck auf Sturm.

Frau Wolff hat davon die Nase voll. Sie ist der Meinung, dass die beiden Großen inzwischen selbst dafür sorgen können, dass sie pünkt-

Eine Entscheidung, die Einsicht wecken soll, fordert auch den Mut, unbequeme Konsequenzen und vorübergehendes Chaos gelassen zu ertragen.

lich zur Schule kommen. Sie bespricht das mit ihnen, sagt ihnen, dass sie in Zukunft nicht mehr drängeln, mahnen, meckern wird. Und so macht sie es auch.

In den ersten Tagen verpassen die beiden mehrmals den Schulbus und kommen deshalb eine Stunde zu spät. Jonas lernt schnell, pünktlich loszurennen, dafür lässt er mehrmals Schulbrot oder Turnbeutel liegen. Frau Wolff redet mit der Klassenlehrerin, die reagiert verständnisvoll und gelassen. Aber von mehreren Fachlehrern gibt es Eintragungen ins Mitteilungsheft oder spitze Bemerkungen über die berufstätigen Mütter. Das ist für Frau Wolff besonders schwer zu ertragen.

In einer solchen Situation hilft es, sich mit anderen zusammenzutun, von denen man sich gestützt fühlt. Dann fällt diese Standfestigkeit wesentlich leichter. Wenn man ganz allein ist, wird man viel schneller von Selbstzweifeln überrannt.

Nicht „wie es im Buche steht"

Entwickeln Sie Ihren eigenen familiären Umgangsstil.

In einem Seminar über die „Familienkonferenz" von Thomas Gordon (siehe Literaturverzeichnis, Seite 128) hatten wir über das Thema „aktives Zuhören" gesprochen. Ich entließ die Eltern mit der Bitte, bis zum nächsten Treffen eigene Beispiele zu sammeln und das nächste Mal darüber zu berichten.

Beim nächsten Treffen erzählte eine Mutter, sie habe versucht, mit ihrem Sohn so zu sprechen, wie Gordon es empfiehlt. Ihr Junge habe sie nachdenklich angeguckt und dann gefragt: „Was für ein Buch hast du denn jetzt wieder gelesen?"

Vieles, was in klugen Büchern steht, kann man nicht einfach so nachmachen, vor allem nicht, wenn in anschaulichen Beispielen Vorschläge gemacht werden, wie Eltern reagieren, was sie tun oder sagen könnten.

Der Autor oder die Autorin, die diese Beispiele aufgeschrieben hat, hat dabei bestimmte Menschen im Kopf, die er bzw. sie kennt, die diese Beispiele erlebt und berichtet haben. Aber das sind eben nicht Sie!

Sie werden sicher auch bei vielen meiner Beispiele denken: „So könnte ich nie reden" oder „So möchte ich das keinesfalls machen". Dann machen Sie es nicht, dann reden Sie anders!

Familien entwickeln ihren eigenen Sprachstil, ihre eigene Art, miteinander umzugehen. Mit wilden Rüpeln (beiderlei Geschlechts) reden Eltern anders als mit zarten Seelchen.

Temperamentvolle Eltern reagieren heftiger als andere, brausen schneller mal auf. Aber ihnen nehmen die Kinder wahrscheinlich auch ein heftiges Wort weniger übel, weil sie Papa oder Mama schließlich recht gut kennen.

Wer es nicht gewohnt ist, viele Worte zu machen, kann nicht von einem Tag auf den anderen mit den Kindern lange pädagogische Gespräche führen. Das muss langsam wachsen. Bücher können dabei Anregungen geben. Aber vielleicht ist der Gedanke, der hinter einem Beispiel steht, Ihnen einiges Nachdenken wert, und Sie finden dann eine andere Art, Ihre Art, ihn in praktisches Handeln umzusetzen.

„Echt" sein

Kinder merken es recht genau, wenn Mutti etwas nur betont, weil Vati das so will oder wenn Mama oder Papa auf einmal redet wie ein pädagogisches Lehrbuch.

Kinder brauchen Eltern, die „echt" sind, denen man das, was sie sagen, auch abnimmt. Sie brauchen lebendige Menschen mit Stärken und Schwächen, an denen sie sich orientieren können und die berechenbar sind.

Es wird Ihnen beim besten Willen nicht immer gelingen, besonnen und gelassen zu reagieren. Und Kinder verstehen das. Manchmal sehen sie sogar deutlicher, dass sie geliebt werden, wenn Vater oder Mutter sich furchtbar aufregt, Angst zeigt oder heftige Enttäuschung. Selbst ein Missgriff im Zorn, eine Beleidigung oder eine Ohrfeige, ist Kindern oft eher nachvollziehbar als kühle Distanz in allen Lebenslagen.

Ich will Ihnen beileibe nicht raten, sich ohne schlechtes Gewissen gehen zu lassen; doch davon auszugehen, dass man Kinder erziehen kann, ohne hin und wieder in die Luft zu gehen, wäre blauäugig oder unehrlich.

Kinder haben ein feines Gespür dafür, ob jemand wirklich hinter dem steht, was er sagt oder tut.

Zu Fehlern stehen

Wenn wir allerdings so etwas gemacht haben, müssen wir es auch wieder in Ordnung bringen. Denn wir sind unseren Kindern auch Modell dafür, wie man mit seinen Schwächen umgeht, über sein Verhalten nachdenkt, sich bei Fehlgriffen entschuldigt, gute Vorsätze fasst und sich auch bemüht, sie einzuhalten.

Demokratie in der Familie

*Kinder scheinen den Eltern oft auf der Nase herum-
zutanzen und sich an keinerlei Grenzen zu halten.
Gegenseitiger Respekt, klare Regeln für den
Umgang mit den anderen und gleiches Recht für
alle wirken in dieser Situation oft Wunder.*

Kinder sind kleine Persönlichkeiten

Kinder sind vom ersten Tag ihres Lebens an – womöglich sogar schon vorher – eigenständige Persönlichkeiten, die bei dem, was sie einmal werden sollen, kräftig mitmischen.

Die meisten Eltern erschrecken, wenn sie dieses neue Bündel Mensch im Arm halten, über die immense Verantwortung, die sie sich aufgeladen haben. Aus so einem winzigen Wesen, das anscheinend noch nichts ist und nichts kann, sollen sie einen glücklichen, lebstüchtigen Menschen machen – und wenn sie nun irgendwas falsch machen?

Aber so ist das doch gar nicht! Kinder sind keine Lehmklöße und Vater und Mutter sind nicht der Herrgott, der ihnen erst Leben einhauchen muss. Ein Kind kommt keineswegs als völlig unbeschriebenes Blatt auf die Welt, auf das die Eltern und die Umwelt den Plan seines Lebens zu schreiben hätten.

Vom ersten Tag ihres Lebens an wissen Kinder, was sie wollen und was sie gerade brauchen. Und sie erziehen ihre Eltern dazu, das zu tun oder zu lassen, was gerade nötig ist. Schnell lernen sie, ihr Geschrei so einzurichten, dass die Eltern verstehen: Jetzt hat es Hunger, jetzt hat es Langeweile, jetzt tut ihm etwas weh. Mit rudernden Ärmchen und weit aufgerissenen Augen kriegen Babys uns schnell dazu, dass wir uns mit ihnen beschäftigen, reden, lachen, schäkern. Haben sie aber genug davon, drehen sie das Gesicht zur Seite und machen uns klar: „Jetzt möchte ich mal wieder meine Ruhe haben." Zeigen Eltern sich begriffsstutzig, müssen sie auch mal deutlicher werden und uns anbrüllen. Mit der Zeit begreifen wir dann schon. Wir stellen nach und nach fest, ob wir ein eher scheues und sensibles Persönchen in die Welt gesetzt haben oder ein ziemlich stressfestes Lachsäckchen, einen ruhigen Philosophen oder einen temperamentvollen Draufgänger.

Auch Kinder erziehen ihre Eltern

Wenn wir unser Kind aufmerksam beobachten, lernen wir, mit ihm so umzugehen, dass es ihm gut geht.

Auch das Kind lernt in den ersten Jahren ungeheuer viel. Es lernt nicht nur, Türen aufzumachen und „nein" zu sagen, sondern auch, wie es mit uns, seinen Eltern, am besten umgeht. Eltern, denen es sehr wichtig ist, was die Leute von ihnen denken, kriegt man dazu, Gummibärchen zu kaufen, wenn man sich im Laden brüllend auf den Boden wirft. Andere, die schwer nein sagen können, muss man nur charmant anlächeln.

Es gibt also wenig Grund für Eltern, sich einzubilden, dass nur sie es sind, die ihre Kinder erziehen. Von Anfang an ist das ein Geschäft auf Gegenseitigkeit. Jeder lernt den anderen kennen, jeder bemüht sich, den eigenen Bedürfnissen und den Eigenheiten des anderen entsprechend mit ihm umzugehen.

Wenn unsere Kinder auf uns hören sollen, sind wir gut beraten, wenn wir auch auf sie aufmerksam hören. Wenn wir möchten, dass sie uns und unsere Ratschläge achten, tun wir gut daran, wenn wir auch ihnen und dem, was sie zu sagen haben, mit Achtung begegnen.

Mitbestimmen von Anfang an

Erziehen sollte ein partnerschaftlicher Prozess sein, in dem jeder mitzureden hat, jeder seine Sicht der Dinge mitteilen darf und dann eine Lösung gesucht wird, mit der alle zufrieden sind.

Jede Familie muss gemeinsam ihre eigenen Lösungen finden.

Lea, acht Monate alt, hat ein eigenes Kinderzimmer und ein schönes Bett mit kunterbunten Kissen. Die Eltern schlafen in ihrem Zimmer auf einer großen Matratze auf dem Boden.

Aber Lea gefällt das so nicht. Nacht für Nacht steht sie in ihrem Bett und schreit. Die Eltern gehen immer wieder hin und trösten. Das nervt! Sie möchten es gern ändern. Ob es Lea zu dunkel ist? Sie lassen ein kleines Licht brennen – Lea schreit. Ob sie einsam ist? Sie lassen die Tür offen – Lea schreit. Ob sie die Eltern sehen möchte? Sie nehmen das Bettchen in ihr Zimmer – Lea schreit. Sie nehmen sie zu sich ins Bett – Lea ist ruhig.

Aber bei dem ständigen Gekrabbel zwischen sich können die Eltern nicht richtig schlafen. Da nehmen sie die Matratze aus Leas schönem Bettchen und legen sie dicht an ihre auf den Fußboden. Lea ist ruhig und schläft durch. Die Eltern auch. Alle sind zufrieden.

Diese Lösung passt zu Lea und ihren Eltern. Sie haben so lange probiert und „verhandelt", bis sie etwas gefunden haben, womit alle für eine Weile zurechtkommen.

Aber Ihnen gefällt diese Lösung nicht? Wäre nichts für Sie? Muss es auch nicht. Sie sind anders. Ihr Kind ist anders. Probieren Sie, verhandeln Sie, finden Sie eine Lösung, die zu Ihnen passt.

Wir müssen uns auch von dem Gedanken verabschieden, dass es für jedes Problem nur eine, nur die richtige Lösung gibt und dass es unsere Aufgabe ist, diese eine zu finden. Ob etwas geht oder nicht, merken wir oft erst, wenn wir es ausprobieren. Und wenn es nicht geht, müssen wir etwas anderes probieren.

Eigenes Handeln begründen

Es untergräbt keineswegs ihre Autorität, wenn Eltern mit den Kindern über ihre eigenen Unsicherheiten und über die Motive ihres Handelns sprechen.

Sie können durchaus zu Ihrer Fünfjährigen sagen: „Ich habe mir das, was ich immer gesagt habe, noch mal überlegt. Ich glaube, es war nicht gut. Wir machen es in Zukunft mal anders."

Eltern sollten ihren Kindern auch die Motive ihres Handelns erklären, sobald sie in der Lage sind, diese zu verstehen. „Weil ich es dir sage", ist keine hinreichende Begründung, wenn Sie von einem Kind etwas verlangen.

Nehmen wir an, Sie erwarten, dass Ihr Sohn immer anruft, wenn er nicht zur verabredeten Zeit nach Hause kommt. „Ich mache mir sonst Sorgen, du könntest einen Unfall gehabt haben" – das leuchtet auch Kindern im Allgemeinen ein. Wird eine solche Forderung ohne Begründung gestellt, wirkt sie leicht wie eine sinnlose Fessel, die man gern abstreifen möchte.

Sicher, Begründungen liefern dem diskutierfreudigen Nachwuchs immer auch Angriffspunkte für längere Dispute. „Was soll mir denn passieren?" Doch da müssen wir durch.

Leichter ist es, sich nicht in die Karten gucken zu lassen, einfach anzuordnen. Aber das ist autoritär und erzieht nicht zu demokratischem Verhalten.

Nicht ständig Überlegenheit demonstrieren
In vielen Dingen sind Eltern ihren Kindern überlegen. Sie können, was die Kinder noch lernen müssen, sie haben schon erlebt und erfahren, was die Kinder noch nicht wissen.

Aber Eltern müssen auch nicht unentwegt ihre Überlegenheit beweisen. Sie brechen sich keinen Zacken aus der Krone, wenn sie sich von ihrem Kind umstimmen lassen, wenn sie zugeben, etwas falsch gemacht zu haben, wenn sie sich auch mal bei ihrem Kind entschuldigen. Wir wünschen uns heute Menschen, die sich nicht alles gefallen lassen, die eine eigene Meinung haben und diese auch mutig und selbstbewusst vertreten. Wo sollen sie das lernen, wenn nicht zu Hause?

Wer von klein auf erfährt, dass seine Meinung Gewicht hat, kann sie auch später besser vertreten.

Gleiches Recht für alle

Der dreijährige Kai ist für seine Eltern oft eine arge Geduldsprobe. Was er nicht machen soll, das törnt ihn erst so richtig an. Kai soll zum Beispiel nicht an die Hifi-Anlage gehen. Als gerade mal wieder völlig unverhofft und mit großer Lautstärke James Last aus dem Wohnzimmer dröhnt, greift sich Papa den Bengel und haut ihm kräftig ein paarmal auf den Popo. Kai ist darüber sehr wütend. Er dreht sich um und geht mit den Fäusten auf den Vater los. Das macht den Vater noch zorniger. Seiner Frau, die sich schnell zwischen die Streithähne stellt, erklärt er: „Wo kommen wir denn hin, wenn dieser Bengel jetzt schon auf mich losgeht?" Auf den Vorwurf seiner Frau: „Du hast ja auch …", meint er: „Wenn ich das mache, ist das ja wohl was anderes."

Ja? Ist es das? Wieso eigentlich? Kleine Kinder übernehmen die Maßstäbe für das, was man darf, und das, was man nicht darf, von ihren Eltern.

Wer ein bestimmtes Verhalten bei seinen Kindern nicht sehen will, darf es ihnen nicht selbst vormachen.

Die zwölfjährige Anja hat oft Streit mit ihrer Mutter, wenn sie alle einmal getragenen Kleidungsstücke auf den Stühlen der Wohnung verteilt. Ihr schlagendstes Argument ist dann: „Und Papa? Der schmeißt seine Krawatten und Pullover doch auch überall hin. Aber dem räumst du ja alles nach!"

Wir müssen uns schon gelegentlich an die eigene Nase fassen, bevor wir unsere Kinder kritisieren.

Wer seinen Sohn als Faulpelz oder Feigling bezeichnet, darf sich über „Affe" oder „Meckerkopp" nicht aufregen. Wer durch leichtsinnige Ratenkäufe den Familienetat gefährdet, darf den Kindern nicht vorwerfen, ihr Taschengeld zu verplempern.

Sicher, in manchem leben Kinder und Erwachsene unter verschiedenen Bedingungen, dann darf der eine, was der andere nicht darf. Kleine Kinder brauchen mehr Schlaf und müssen deshalb früher ins Bett gehen. Kleine Kinder sind dem Straßenverkehr nicht gewachsen und dürfen deshalb nicht allein auf die Straße laufen. Solche Beispiele gibt es viele. Das kann man Kindern erklären. Das verstehen sie auch. Wie aber wollen Sie einem Kind erklären, dass Erwachsene andere hauen dürfen, dazu noch Kleinere und Schwächere, dass Große ihre Sachen herumliegen lassen dürfen, Kinder aber nicht?

Manchmal dürfen Erwachsene mehr.

Auch die Eltern haben Rechte!
Das Prinzip „Gleiches Recht für alle" gilt aber nicht nur zugunsten der Kinder, sondern auch zugunsten der Eltern.

Als vor Jahrzehnten die Anhänger der antiautoritären Erziehung dafür eintraten, dass die Rechte und Bedürfnisse der Kinder mehr Gewicht haben, die Erwachsenen von ihrer autoritären Haltung lassen sollten, da haben viele das falsch verstanden. „Kinder dürfen heute alles, das ist die moderne Erziehung", oder „Unseren Kindern geht es gut und wir haben Valium", formulierten böse Zungen. Aber so war und ist das nicht gemeint. Und auch heute wagen manche Eltern nicht recht, ihren Kindern etwas zu verbieten oder eigene Rechte einzufordern, weil sie nicht als autoritär gelten wollen.

> Die Freiheit des einen zu tun, was er will, endet da, wo er mit seinem Verhalten die Rechte und Bedürfnisse eines anderen missachtet.

Erwachsene sollen die Rechte der Kinder nicht missachten, aber Kinder dürfen das auch nicht mit den Rechten der Erwachsenen tun.

Lukas und Jana sind ein munteres Pärchen, das seinen Eltern tagsüber wenig Ruhe lässt. Umso mehr sehnen sich die Eltern nach der kurzen Zeit abends, wenn die Kinder im Bett sind und sie ein wenig Ruhe haben.

Aber Lukas und Jana finden es spannend, noch hundertmal ins Wohnzimmer gehüpft zu kommen mit „Was macht ihr da?", „Ich muss mal", „Wir wollten euch noch was zeigen".

Die Eltern wollen das nicht ertragen. Sie erklären den beiden, dass sie dringend einen kinderfreien Feierabend brauchen. Die beiden dürfen im Kinderzimmer noch lesen oder spielen, wenn sie nicht müde sind. Aber ins Wohnzimmer dürfen sie nicht mehr: „Wenn ihr euch daran nicht haltet, schließen wir die Wohnzimmertür zu, sonst kann sie offen stehen, damit ihr uns hören könnt." Zweimal müssen sie die Tür für kurze Zeit wirklich zuschließen, damit die Kinder begreifen, dass sie es ernst meinen. Danach genügt es, sie etwas forsch zuzuklinken.

Die Eltern akzeptieren, dass sie die Kinder nicht zum Schlafen zwingen können. Aber sie bestehen auf ihrem Recht, abends auch mal ungestört zu sein.

Kindern fällt es leichter, die Rechte der Eltern zu berücksichtigen, wenn diese das auch mit den Rechten der Kinder tun.

Kinder achten

Jedes Kind ist eine einmalige Persönlichkeit. Sein Charakter, seine Wesenszüge und seine Begabungen müssen von klein auf respektiert werden. Wird dem Kind bei allem Erziehungsbemühen vor allem mit Respekt begegnet, wird es auch selbst die Grenzen der anderen eher achten.

Die Würde des Menschen ist unantastbar

Isabell ist ein sehr niedliches kleines Mädchen. Ihr Vater ist stolz auf sie und führt sie gern seinen Bekannten vor. Aber Isabell ist auch sehr schüchtern. Wenn sie jemand anspricht und ihr die Hand hinstreckt, verkriecht sie sich hinter Papas Hosenbein, zieht ihre Hand auf den Rücken und macht ein sehr abweisendes Gesicht. Der Vater zieht Isabell dann lachend nach vorn und hält das strampelnde Kind den Leuten hin.

Ein Kind ist kein Kuscheltier, mit dem Erwachsene umgehen dürfen, wie es ihnen gerade passt.

Der Vater zeigt wenig Achtung für seine Tochter. Sie hat das Recht, selbst zu bestimmen, wie nahe sie einen Menschen, den sie nicht kennt, zu dem sie noch kein Vertrauen hat, an sich heranlassen will. Jeder Mensch hat diese kritische Distanz einem kleinen Kind gegenüber einzuhalten, wie er sie selbstverständlich auch einem Erwachsenen gegenüber einhalten würde.

Jedes Kind ist ein Wesen mit eigenem Menschenrecht, das selbst darüber bestimmt, wie es sein und werden will.

Die 15-jährige Stefanie ist ein dralles, bodenständiges Raubein. Sie will Tierärztin werden und verbringt viele Nachmittage auf einem Kinderbauernhof – mistet Ställe aus, bereitet Futter, versorgt kranke Tiere. Wenn sie nach Hause kommt, riecht sie oft recht streng. Ihre Eltern hätten viel lieber ein „richtiges Mädchen", eines, mit dem sie sich nicht vor den Nachbarn schämen. Sie drängen, dass sie sich beim Frisör die Haare schneiden lässt, dass sie zum Tanzkurs geht, dass sie mehr Wert auf ihre Kleidung legt. Es gibt deswegen oft Streit.

Erwachsene glauben oft, dass sie es gut mit Kindern meinen, wenn sie sie gönnerhaft behandeln.

Die Eltern zeigen keine Achtung vor Stefanie. Denn Stefanie hat ein Recht darauf, sich ihren Interessen entsprechend zu verhalten und zu entwickeln. Doch die Eltern möchten sie so formen, wie sie sich ihre Tochter vorstellen.

Nicht selbstherrlich eingreifen

Von Mangel an Achtung zeugt es auch, wenn Erwachsene die Pläne von Kindern eigenmächtig durchkreuzen, selbst wenn sie es dabei gut meinen.

Jessica und Johannes haben, als sie im Wohnzimmer aufeinander los-gingen, ein Tischchen umgeworfen und eine Schale zerbrochen. Sie sollen die Schale vom Taschengeld ersetzen. Das akzeptieren sie auch. Gemeinsam ziehen sie los und finden im Haushaltswarengeschäft auch etwas Passendes. Aber die Schale ist viel teurer als erwartet. Sie über-legen, was sie auf dem Trödelmarkt nächsten Sonntag verkaufen könn-ten, um das Geld zusammenzubringen und sind recht stolz auf ihren Plan. Sie erzählen ihrem Vater davon, der nicht mehr bei ihnen wohnt. Als sie das nächste Mal in den Laden kommen, nennt die Verkäuferin auf einmal einen viel niedrigeren Preis und blinzelt dabei wohlwol-lend. Schließlich rückt sie damit heraus, dass der Vater den größten Teil des Preises schon bezahlt habe. Jessica und Johannes sind über-haupt nicht dankbar, sondern sehr sauer darüber. Sie fühlen sich behan-delt wie kleine Kinder und dazu noch vor anderen bloßgestellt.

Wer einem Kind mit Achtung begegnen will, darf es niemals demütigen oder lächerlich machen.

Den beiden war es wichtig, die Angelegenheit aus eigener Kraft in Ordnung zu bringen. Der Vater durchkreuzte und missachtete ihre Pläne, indem er sich ungebeten einmischte.

Wenn Erwachsene Kindern zu wenig zutrauen, zu viel abnehmen, drücken sie damit auch Missachtung aus. Selbstbewusste Kinder wehren sich dagegen, andere richten sich vielleicht damit ein und werden immer anspruchsvoller.

Ein Kind niemals lächerlich machen

Björn ist sehr zart besaitet. Wenn andere auf dem Schulhof bolzen, hält er sich lieber fern. Wenn sie ihn verhauen, weint er, ohne sich zu wehren. Seinen Vater ärgert das. Er möchte erreichen, dass Björn sich wehrt. Deshalb versucht er, ihn bei seinem Stolz zu packen. „Was bist du doch für ein Feigling!", schimpft er mit ihm.

Für Björn ist das eine zusätzliche Kränkung. In der Schule wird er untergebuttert, und seinem Vater ist er so, wie er ist, nicht recht. Das macht ihn keineswegs selbstbewusster, sondern noch verzagter.

Der Vater sollte akzeptieren, dass Björn sich nicht schlagen mag, und ihm helfen, andere Wege zu finden, sich in der Schule zu behaup-ten. Wege, die seine Stärken ausnutzen und zu ihm passen.

Jedes Kind hat Stär-ken. Man muss sie nur beachten, statt immer auf das zu starren, was einen stört.

Jedes Kind will beachtet werden

Nadine geht in die fünfte Klasse. Seit einem halben Jahr hat sie einen neuen Musiklehrer, den sie zunächst stürmisch verehrte, weil er so schöne schwarze Haare hat. Aber von einem Tag auf den anderen stürzte er in ihrer Gunst ab. Sie kann ihn nicht mehr leiden. Als der erstaunte Vater sie nach dem Grund fragt, erklärt sie: „Als ich neulich auf dem Hof mit ihm gesprochen habe, hat er mich gefragt, wie ich heiße."

Nadine konnte es nicht ertragen, dass der von ihr so verehrte Lehrer sie nach einem halben Jahr noch nicht als Person zuordnen konnte, dass sie für ihn also verwechselbar war.

> Jeder Mensch hat das Bedürfnis, unverwechselbar und einmalig zu sein, auch jedes Kind in der Familie.

Das ist einer der Gründe dafür, weshalb Geschwister oft ganz unterschiedliche Eigenheiten entwickeln. Wenn die große Schwester ein sportliches Ass ist, wird die jüngere nicht gerade versuchen, sie auf diesem Gebiet noch zu übertrumpfen. Sie wird sich vielleicht besonders bemühen, eine gute Schülerin zu sein. Hat die Größere oft Ärger, weil sie impulsiv und voreilig ist, bemüht sich die Jüngere vielleicht, bedächtig zu überlegen, was sie sagt und tut.

Manch ein Kind widmet sich so verbissen dem Ausgleich eines Handicaps, dass es auf diesem Gebiet sogar besonders gut wird.

Jedes Kind versucht, bei der Suche nach Beachtung seine Stärken zu nutzen, Schwächen auszugleichen.. Es kann aber auch sein, dass eines seine Schwäche ausnutzt, um damit Aufmerksamkeit zu erlangen und die anderen dazu zu animieren, sich mit ihm zu beschäftigen.

So zeigt die Entwicklung eines jeden Kindes eine „persönliche Handschrift", so erkennt man durchgängige Eigenheiten, durch die es seinen Charakter aktiv mitgestaltet.

Kinder brauchen Antworten

Robbys Vater sitzt und liest. Robby schiebt ein kleines Auto mit „brrrmmm, brrrmmm" über den Fußboden. Vater guckt hin und wieder

*hoch und lächelt freundlich. Das Auto fährt gegen die Scheuerleiste –
„bummm". Vater guckt hoch und lächelt. Das Auto fährt gegen die Tür,
das rumst noch lauter. Vater guckt hoch und lächelt. Das Auto fährt jetzt
bei jedem neuen Anschieben gegen die Tür, immer heftiger, immer lauter. Die Farbe beginnt abzuplatzen. Jetzt ist Vater mit seiner Toleranz
am Ende. „Hör doch endlich auf damit, das ist ja nicht zum Aushalten!", schnauzt er den Jungen an. Robby scheint richtig erleichtert.*

Kinder müssen erleben, dass das, was sie tun oder sagen, Reaktionen auslöst, dass sie also etwas bewirken damit, dass sie da sind
und dies oder jenes tun.

    Auch wenn Vater explodiert, ist das eine Antwort. Und die kann
wie eine Erlösung wirken. Ein gleich bleibend nichtssagend-freund-
liches Lächeln kann dem Kind das Gefühl geben, ständig gegen
Wände aus Nebel zu laufen. Keine Reaktion, kein Widerstand.

    Leider bekommen Kinder solche Antworten noch am ehesten,
wenn sie unangenehm auffallen. Auch Robby weiß das, deshalb macht
er es ja. Könnten wir nicht häufiger antworten auf Dinge, die uns freu-
en, mehr eingehen auf fantasievolle Spiele, auf interessante Ideen?

*Die 14-jährige Melanie gerät fast jeden Abend mit ihrer Mutter in Streit.
Sie erzählt ihr mehr als andere von dem, was in der Schule, in der Clique alles los ist. Und dann kann sie sich immer aufregen über Mamas
komische Ideen und spießige Ansichten. Sie muss furchtbar viel erklären, argumentieren, zurechtrücken. Manchmal nimmt sie sich vor, lieber auch mehr für sich zu behalten wie ihre Freunde. Aber wenn dann
etwas passiert ist, was sie beschäftigt, erzählt sie es abends doch wieder. Und schon geht die Streiterei wieder los.*

Gerade heranwachsende Kinder brauchen Eltern auch, um sich an
ihnen abzuarbeiten. Wenn sie ihre eigenen Einstellungen herausar-
beiten, eigene Haltungen klären wollen, brauchen sie Eltern, die sie
für Spießer halten dürfen, gegen die sie sich absetzen können. Dabei
wird dann oft schwarz-weiß gemalt, die Zwischentöne kommen später. Auf jeden Fall ist jeden Tag Streit besser als keine oder nur sehr
oberflächliche Gespräche.

*Wenn Eltern ver-
suchen, die „persön-
liche Handschrift"
ihres Kindes zu er-
kennen, fällt es ihnen
leichter, sein Verhal-
ten zu verstehen und
darauf entsprechend
zu reagieren.*

*Kinder brauchen
ganz persönliche
Reaktionen auf ihr
ganz persönliches
Verhalten.*

Es gibt einen fließenden Übergang zwischen Toleranz und Interesselosigkeit. Was mich nicht interessiert, darüber rege ich mich auch nicht auf.

Es ist manchmal falsch verstandene Toleranz, wenn Eltern sich um das, was ihre Kinder tun, wenig kümmern.

Es ist heute viel davon die Rede, dass Kinder Grenzen brauchen. Ich vermute, es ist eher das Vorenthalten echter Antworten, das viele Heranwachsende verhaltensauffällig macht.

Es ist allerdings eine Eigenheit von Erwachsenen, dass sie am ehesten noch dann antworten, wenn sie eine Grenze postulieren wollen „bis hierher und nicht weiter!".

Und folgerichtig enthalten viele Grenzverletzungen von Kindern, viele Dummheiten und Zerstörungen den dringenden Appell: „Antwortet doch endlich!"

Keine strikten Verbote

„Was verboten ist, das macht uns gerade scharf", das kennen wir alle. Wird um einen Gebäudekomplex ein hoher Zaun gezogen, reizt es uns besonders, durch die Ritzen zu gucken. Werden in einer Broschüre Textstellen geschwärzt, wollen alle erst recht wissen, was da stand.

Es sei denn, wir verstehen den Sinn eines Verbotes und sehen ein, dass es notwendig ist. Wir fahren nicht in Gegenrichtung durch eine Einbahnstraße, wir essen, falls wir Diabetiker sind, keinen Zucker, obwohl uns niemand direkt daran hindert.

Ich entmündige einen Menschen, wenn ich ihm Informationen zu einem Verbot vorenthalte. Ich erweise ihm Achtung, wenn ich ihm zutraue, sich vor gefährlichen Dingen selbst in Acht zu nehmen.

„Auf Einsicht bauen" lautet das Erziehungsziel.

So sollte es auch in der Erziehung sein. Wo immer wir auf Einsicht bauen können, bauen wir solider, als wenn wir einfach verbieten, wegschließen, verhindern.

Wenn Kinder noch so klein sind, dass sie nichts einsehen können, muss ich die Putzmittel, die Medikamente, die Streichhölzer und scharfen Messer hochlegen oder verschließen. Aber sobald wie möglich muss ich das erzwungene Fernhalten durch freiwilligen Verzicht aus Einsicht ergänzen.

Die Mutter von Dominik, sechs, und Frederik, fünf, hat ein giftiges Pflanzenschutzmittel gekauft, um die Blautanne im Vorgarten zu retten. Den Rest muss sie für eine Nachbehandlung ein paar Wochen lang aufheben. Aber wohin, damit die Kinder nicht drangehen?

Sie redet mit den Jungen, zeigt ihnen die Packung, erklärt, dass der Inhalt giftig ist und fragt sie, wie sie das wohl so sicher aufheben könne, dass keiner damit gefährdet wird. Die Jungen schlagen vor, die Packung dick mit Papier zu umwickeln, mit Tesafilm zu verkleben und einen Totenkopf darauf zu malen. Frederik übernimmt (unter Aufsicht) das Einwickeln und Verkleben, Dominik malt mit Hingabe und dickem schwarzem Stift den Totenkopf. Dann stellen sie das Päckchen ganz hinten auf das oberste Brett in der Besenkammer.

Dominik und Frederik fühlen sich für die Sicherung mit verantwortlich. Deshalb reizt sie nichts daran, ein Verbot zu übertreten. Ein Geheimnis gibt es nicht.

Der Reiz des Verbotenen

Der Reiz des Verbotenen ist es auch in erster Linie, der vielen älteren Kindern zum Beispiel Alkohol und Zigaretten so attraktiv macht. Deshalb ist es auch hier viel sinnvoller, auf einen freiwilligen Verzicht aus Einsicht hinzuarbeiten. Wenn schon Vater oder Mutter aufs Rauchen nicht verzichten wollen, können sie den Kindern erklären, sie wären froh, es gar nicht erst angefangen zu haben. Sie können die Kinder mal an der Zigarette ziehen lassen, um die Neugier zu befriedigen, und ziemlich sicher sein, dass es ihnen nicht schmeckt. Der Reiz des Verbotenen ist damit weg. Für Alkohol gilt das Gleiche.

Auch für Bücher oder Videofilme sollte es kein grundsätzliches Vorenthalten mehr geben, sobald die Kinder fähig sind, nach dem Schrankschlüssel zu suchen oder einen älteren Freund in die Videothek zu schicken.

Christoph hört von anderen Jungen in der Schule, dass sie sich zusammen „Horror-Videos" ansehen. Sie lachen ihn aus, weil er offenbar keine Ahnung davon hat. Er fragt seinen Vater. Er will unbedingt mal so einen Film sehen, bittet den Vater, einen auszuleihen.

Gibt es keine strikten Verbote, können Eltern und Kinder im Gespräch bleiben.

Der Vater weigert sich zunächst. Aber dann überlegt er sich, dass Christoph, wenn ihn das so reizt, über kurz oder lang mit in diese Clique gehen wird. Dann schon lieber mit ihm zusammen und zu Hause im Wohnzimmer, wo sie auch gleich darüber reden können.

Er leiht einen der Filme aus, von denen die Kinder reden, sieht ihn mit Christoph zusammen an. Das wird bald recht unappetitlich. Als der soeben im Bad mit einem Messer entmannte Schurke mit blutverschmierten Fingern über die Glasscheibe der von außen verschlossenen Tür schabt, greift sich Christoph die Fernbedienung und schaltet aus. Er hat genug. Er braucht noch ein längeres Gespräch mit seinem Vater, um die scheußlichen Bilder aus seinem Kopf zu vertreiben. Aber er weiß jetzt, worum es geht und dass ihm das nicht liegt.

Selbstverständlich heißt das nicht, dass Kindern solche Horrorfilme frei zugänglich sein sollten. Denn nicht alle haben so einen Vater, der ihnen hilft, sich damit auseinander zu setzen.

Keine Tabus

In manchen Familien gibt es Themen, über die nicht geredet wird, nach denen man anscheinend auch nicht fragen darf. Kinder ahnen solche Zusammenhänge und halten sich an das Tabu. Aber das Ungewisse, Unheimliche belastet sie oft mehr als klare Antworten.

Der Vater der fünfjährigen Lydia hat vor einem Jahr die Familie verlassen. Lydia fragt sehr viel nach ihm. Dann erklärt ihr die Mutter immer, der Vati sei auf Geschäftsreise in Amerika. Auf Lydias Fragen, wann er denn wiederkomme, antwortet sie immer ausweichend.

Die Mutter wagt nicht, dem Kind die harte Wahrheit zu sagen, weil sie es nicht traurig machen möchte. Aber unter der hinhaltenden Ungewissheit leidet Lydia genauso oder schlimmer. Sie kann sich mit dem Verlust nicht auseinander setzen, weil er nicht klar ausgesprochen ist. Deshalb sollte die Mutter mit Lydia in aller Ruhe darüber reden – und immer wieder, wenn Lydia das Bedürfnis hat.

Jakobs geliebter Opa ist gestorben. Jakob hat ihn schon in den letzten Wochen nicht mehr besuchen können, weil er im Krankenhaus auf der Intensivstation lag. Zur Beerdigung nehmen die Eltern den Sechsjährigen nicht mit. Erst Wochen später sagen sie ihm, dass der Opa gestorben und beerdigt sei. Jakob reagiert mit einem Ausbruch heftigster Verzweiflung, weil er sich nicht mal von seinem Opa verabschieden durfte. Sein Leben lang wird ihm das immer wieder einfallen. Es bleibt eine seelische Wunde, die nicht heilt.

Wir trauen unseren Kindern zu wenig zu, wir handeln kurzsichtig, wenn wir sie durch Verschweigen gegen schwierige oder unangenehme Wahrheiten abschirmen wollen.

Verzweifelter hätte Jakob auch nicht reagieren können, wenn man ihn rechtzeitig informiert und zur Beerdigung mitgenommen hätte. Aber er hätte durch die Teilnahme an diesem Ritual seine Trauer besser verarbeiten können.

Die Welt mit den Augen des Kindes sehen

Die zweijährige Sophie ist mit ihrer Mutter zu einem Besuch bei Freundinnen aufgebrochen. Im Auto ist sie eingeschlafen. Sie wacht erst richtig wieder auf, als die Mutter sie in dem fremden Wohnungsflur vorsichtig auf die Beine stellt und ihr die Jacke auszieht.

Das gefällt Sophie überhaupt nicht. Sie protestiert, sie will wieder ins Auto und nach Hause. Sie steigert sich in einen heftigen Trotzanfall hinein, wirft sich brüllend auf den Boden. Sie folgt der Mutter, die inzwischen im Zimmer auf dem Sofa sitzt, zerrt kreischend an ihr, schlägt auf sie ein, ist für freundliches Zureden und angebotenes Spielzeug überhaupt nicht zugänglich. Eine Unterhaltung der Erwachsenen ist wegen Sophies Geschrei kaum möglich.

Die Mutter hat Verständnis für Sophies Situation. Wie ein willenloses Bündel ist das Kind an einen Ort verfrachtet worden, wo es gar nicht hinwollte. Sie versucht Sophie deshalb zu trösten, ihr begütigende Vorschläge zu machen. Als Sophie sich dagegen sperrt, lässt sie sie in Ruhe, bleibt aber sitzen und versucht, mit den anderen zu reden. Denn dieses Gespräch ist ihr sehr wichtig.

Sophie brüllt, bis sie erschöpft ist, klettert dann auf Mutters Schoß; die Mutter nimmt sie bereitwillig in den Arm und dort schläft sie ein.

Können Sie sich in die Situation eines so kleinen Kindes hineinversetzen? Sophie ist im Trotzalter, dem Alter, in dem sie oft schon recht genau weiß, was sie will, sich aber viel zu oft ohnmächtig fühlt, das auch durchzusetzen. Überall und ständig stößt sie auf Widerstände. Die Erwachsenen sind viel größer und stärker, sie können einen ohne Mühe an allem hindern, im Zweifelsfalle einfach hochheben und wegtragen.

Für die Heftigkeit dieses Gefühlssturms ist ein trotzendes Kind nicht verantwortlich zu machen, er überkommt es wirklich wie ein Anfall. Es kann ihn noch nicht steuern.

Wer, wie Sophies Mutter, die Welt auch mit den Augen des Kindes zu sehen versucht, hat Verständnis für die heftige Reaktion und nimmt sie nicht übel.

Die Mutter bemüht sich, gelassen zu bleiben, auch wenn das oft nicht einfach ist; sie kann das Kind bedauern und versuchen, es zu trösten. Das heißt in diesem Fall allerdings nicht, dass sie sich dadurch von ihrer Sicht der Dinge, von ihrer Absicht abbringen lässt.

Würde Sophies Mutter bei solchen Wutausbrüchen ihrer Tochter klein beigeben, würde Sophie mit der Zeit lernen, dass das eine prima Methode ist, sich durchzusetzen. Deshalb gibt die Mutter, wenn Sophie erst mal angefangen hat zu trotzen, nicht mehr nach. Umso mehr bemüht sie sich, die Vorstellungen ihrer Tochter zu berücksichtigen, wenn sie in einer weniger nervtötenden Weise geäußert werden.

Kein Machtkampf im Kinderzimmer

Nicht selten entwickeln sich Kinder zu kleinen Tyrannen. Warum können Kinder solche Macht erlangen? Und führt es weiter, wenn Eltern einfach ihre eigene Macht dagegensetzen?

Macht und Ohnmacht

Das Verhältnis von Kindern und Eltern ist immer auch ein Verhältnis von Macht und Ohnmacht, ob wir das nun wollen oder nicht.

Eltern haben Macht über ihre Kinder. Sie können sie hinbringen, wo diese gar nicht hin wollen, können sie hindern an Dingen, die ihnen Spaß machen, sie zwangsweise an- und ausziehen, waschen, ihnen die Haare schneiden oder sie einfach wegtragen. Und manchmal müssen sie das auch tun. Kinder fühlen sich dieser Situation ohnmächtig ausgeliefert. Manchmal haben Kinder auch Macht über ihre Eltern. Sie erpressen sie mit Geschrei und Essensverweigerung, damit, dass sie im falschen Augenblick das Falsche tun oder das Richtige eben nicht tun. Dann fühlen sich die Eltern hilflos und wütend.

Eltern können viel dazu beitragen, ihre Machtausübung auf das Unvermeidliche zu beschränken, auf Machtkämpfe, die die Kinder anfangen, nicht einzugehen, damit der Kampf um die Macht nicht zum Leitthema in der Erziehung wird.

Der dreijährige Boris ist mit seiner Mutter auf dem Spielplatz. Unermüdlich erklettert er die Leiter zur Rutsche, um sich dann mit Juhu hinunterzustürzen. Der Mutter werden langsam die Füße kalt. „Boris, ich möchte nach Hause gehen." Boris will aber nicht. Er klettert weiter und wenn sie ihn greifen will, rennt er einfach davon.

Jetzt wird sie echt sauer. Was sollen die anderen Mütter denken, wenn ihr Kind nicht hört? Jetzt will sie erst recht nach Hause. „Boris, komm, wir müssen gehen!" Als sie ihn erwischt, schlägt er kreischend um sich. Irgendwann stopft sie potzwütend das strampelnde Kind in den Buggy, haut ihm dabei eins hinten drauf und fährt davon.

Die Mutter hat bestimmt, wann Schluss ist, ohne sich um Boris' Wünsche zu kümmern. Und als es sich nicht anders durchsetzen ließ, hat sie Gewalt angewandt. Hatte er nicht Recht, als er dagegen protestierte? Aber die Mutter war stärker – sie hatte die Macht.

Gewaltsames Handeln nur in Notfällen

Wir müssen Kinder mit Gewalt davon abhalten, sich in Gefahr zu bringen, zum Beispiel, wenn sie auf die Straße laufen wollen. Wir tun es allerdings oft auch in Situationen, in denen es nicht nötig wäre.

In unserem Beispiel hätte die Mutter verhandeln können: „Boris, mir wird kalt, können wir nach Hause gehen?" Und dann auf seinen Protest: „Was willst du denn unbedingt noch machen?"

Wenn Boris daran gewöhnt wäre, solche Wünsche zu äußern, hätte er vielleicht geantwortet: „Noch einmal schaukeln und rutschen." Danach hätte man wahrscheinlich einträchtig nach Hause gehen können. Wenn nicht, hätte die Mutter mit ihrer Machtausübung immerhin nur das durchgesetzt, was Boris selbst zugesagt hatte. Das ist schon eine ganz andere Situation.

Je seltener und je besser begründet wir unsere Macht gebrauchen, desto eher sind Kinder geneigt, dies als Ausnahme und als notwendig zu akzeptieren.

Wenn es nicht nur die kalten Füße sind, die fürs Heimgehen sprechen, sondern ein Bus, der pünktlich abfährt oder ein Termin beim Kinderarzt, dann wird der Mutter nichts anderes übrig bleiben, als ihre Macht zu gebrauchen – falls das Kind sich trotz rechtzeitiger Ankündigung nicht einsichtig zeigt.

Sich nicht tyrannisieren lassen

Wenn Begründungen das Verhalten des Kindes nicht beeinflussen, können Eltern eigene Konsequenzen ankündigen und dann auch wirklich eintreten lassen. Allerdings sollten sie sich vorher überlegen, ob sie das Angedrohte auch durchhalten können.

Murat hat seit kurzem eine nervende Angewohnheit. Wenn er sich beim Laufen an Mutters Hand über etwas ärgert, lässt er einfach die Beine schleifen. In Mutters ohnehin strapaziertem Kreuz gibt das jedes Mal einen schmerzhaften Ruck, und sie muss das Kind hinter sich herziehen, damit es nicht fällt. „Murat, wenn du jetzt nicht läufst, lasse ich los, dann fällst du hin." Murat läuft halbherzig ein paar Schritte, dann lässt er sich wieder schleifen. Die Mutter lässt los. Murat platscht aufs Pflaster. Die Mutter geht weiter. Verdutzt rappelt sich der Junge auf und läuft hinter ihr her. Er vergisst sogar zu schreien.

Es sollte allerdings auch der Frage nachgegangen werden, warum Murat sich so verhält. Hat er keine andere Möglichkeit klarzumachen, dass er mit etwas nicht einverstanden ist? Hören die Eltern genug auf ihn? Fragen sie ihn auch nach seinen Wünschen und bemühen sich, sie zu berücksichtigen?

Keine Kämpfe um die Macht

Kleine Kinder kann man bei solchen Machtkämpfen noch einfach hochheben und wegtragen. Mit größeren geht das nicht mehr. Die lernen schnell, ihre eigene Macht dagegenzusetzen und bald sind sie geschickter und vor allem skrupelloser als wir. Dann sind oftmals sie es, die einen solchen Machtkampf gewinnen. Deshalb ist es vorausschauend klüger, sich auf solche Machtkämpfe möglichst gar nicht erst einzulassen.

Kinder lernen auch, alltägliche Verrichtungen als Machtmittel zu gebrauchen, wenn sie merken, dass diese den Eltern besonders wichtig sind.

Annas Mutter ärgert sich, dass sie trotz Absprache ihre Tochter nicht aus der Spielzeugabteilung des Warenhauses rausbekommt. „Wenn du jetzt nicht mitkommst, gehe ich allein", droht sie. Das Kind kommt nicht. Sie geht langsam los. Das Kind kommt noch immer nicht. Als sie es nicht mehr sehen kann, bekommt sie Skrupel. Das kann sie doch nicht machen. Nachher läuft Anna in die falsche Richtung und geht verloren.

Sie bleibt stehen. Nichts zu hören, nichts zu sehen. Sie geht zurück. Anna steht mitten in der Spielzeugabteilung und wartet. In ihren Augen leuchtet ein triumphierendes Glitzern.

Die Mutter hat die Sturheit ihrer Tochter unterschätzt. Deshalb hat Anna es auf einen Machtkampf angelegt und ihn gewonnen.

Chantal ist so klein und schmächtig, dass ihr der Wind durch die Rippen pusten kann. Oma ist davon überzeugt, dass die Eltern bei der Ernährung etwas falsch machen. Immer wenn Chantal bei ihr ist, versucht sie, das Mädchen mit viel Eifer zu füttern. Mal schimpft, mal schmeichelt sie: „Komm Chantal, noch ein Häppchen!"

Aber je mehr Oma drängelt, desto weniger ist Chantal geneigt zu essen. Sie merkt, wie prima sie Oma an der Leine halten kann, wenn sie sich weigert. Eigentlich hat sie inzwischen sogar Hunger. Aber den Triumph mag sie Oma nicht gönnen. Und so isst Chantal bei Oma noch weniger als zu Hause, wo man es ihr überlässt, was und wie viel sie essen will.

Sauber werden

Manche Eltern neigen dazu, die Regie selbst für Bereiche zu übernehmen, die von Anfang an Sache des Kindes sein sollten, und dazu gehören auch das Essen und das Ausscheiden.

Irgendwann zwischen zwei und drei interessieren sich fast alle Kinder für ihre Ausscheidungen – verlangen eine neue Windel, wenn sie die alte voll gemacht haben, wollen zugucken, wie die Großen auf die Toilette gehen, sich selbst auf Topf oder Brille setzen. Lässt man sie freundlich-unterstützend gewähren, werden die meisten schnell und problemlos sauber.

Nicht so, wenn sich die Eltern mit viel Eifer des Problems bemächtigen wollen und das Kind immerzu auf den Topf zwingen. Dann zeigen ihnen die Krümel, was eine Harke ist – können nicht, wenn sie sollen, aber machen, wenn sie wollen, und zwar dahin, wo sie nicht sollen – ein Machtkampf. Und wozu?

Kinder machen gern nach, was die Großen machen, aber wenn sie es sollen oder müssen, dann wollen sie nicht mehr – beim Sauberwerden zum Beispiel.

Wenn Sie herausfinden möchten, ob es bei einem Erziehungskonflikt noch um die Sache oder in erster Linie um die Macht geht, fragen Sie sich:

Was ist mir wichtiger: Dass das Kind tut, was ich sage, oder dass die Sache befriedigend geregelt wird?

Bin ich ärgerlich, gekränkt, wütend? Was ärgert mich so?

Fühle ich mich in meiner Elternposition angegriffen?

Wenn es Ihnen nicht gelingt, ruhig zu bleiben, wenn Sie laut werden und im Kommandoton reden, ist die Wahrscheinlichkeit groß, dass Sie gerade um Ihre Macht kämpfen.

Das Segel aus dem Wind nehmen

Bei den alltäglichen Auseinandersetzungen sind es oft auch die Kinder, die ein Machtgerangel anspitzen. Dann ist es an den Eltern, sich einfach nicht darauf einzulassen.

Rudolf Dreikurs benennt das mit einem schönen Bild: das Segel aus dem Wind nehmen. Denn, so meint er, dass die Kinder den Wind machen, lässt sich nicht verhindern, wohl aber kann man vermeiden, ihnen dafür das Segel als Widerstand zur Verfügung zu stellen. Dann pusten sie eben ins Leere.

Georg und Felix, drei und zwei, sind Ausbunde an Lebendigkeit. Ständig in Aktion, ständig auf Krawall aus. Und besonders attraktiv sind Sachen, die sie nicht machen sollen.

Vater deckt den Tisch. Felix möchte eine Scheibe Salami und er klettert auf den Tisch, um sie sich zu holen. „Felix, nicht auf den Tisch!", mahnt Vater und zieht ihn zwischen Wurst und Käse wieder heraus, abwärts auf den Stuhl. Aber sogleich macht Felix sich wieder auf den Weg. Jetzt greift auch Georg ein. Er klettert auf den Tisch und sieht seinen Vater dabei herausfordernd an. Wenn der Vater jetzt versucht, weiter den Tisch zu decken und gleichzeitig zwei fixe kleine Jungen davon abzuhalten, ihn von verschiedenen Seiten zu erstürmen, wird das eine komplizierte Sache. Da nimmt Vater die Wurst, den Käse, die Teller und Tassen und bringt sie wieder in die Küche. „Dann essen wir jetzt eben nicht." Die beiden sind verdutzt. Nach einer Weile wollen sie doch lieber essen. Gemeinsam tragen sie alles wieder ins Wohnzimmer.

Kinder sind sehr erfinderisch darin, immer noch einen Zahn zuzulegen, um uns zum Reagieren zu zwingen.

Manchmal ist es wirklich nicht einfach, auf einen Machtkampf nicht einzugehen.

Die einjährige Jessica ist sehr rundlich und sehr bequem. Sie sollte sich unbedingt mehr bewegen, hat die Kinderärztin gesagt. Jessica kann auch gut krabbeln und schon ganz gut laufen. Aber wenn die Mutter in der Nähe ist, findet sie es bequemer, sich bringen zu lassen, was sie braucht, statt es sich selbst zu holen.

Auch heute hockt sie wieder im Zimmer und streckt jammernd die Arme nach ihrem Teddy aus. Fast automatisch möchte die Mutter reagieren, aber sie versucht, das zu vermeiden, ermuntert Jessica, den Teddy selbst zu holen. Aber Jessica will das nicht. Immer eindringlicher quietscht und jammert sie, immer fordernder streckt sie die Arme aus. Die Mutter ist hin- und hergerissen zwischen Wütend-Werden und Dahin-Schmelzen. Aber das eine wäre jetzt so unvernünftig wie das andere. Also geht sie aus dem Zimmer und erst mal auf die Toilette. Sie zwingt sich, ein Weilchen sitzen zu bleiben.

Im Zimmer wird es still. Als die Mutter schließlich herauskommt, hockt Jessica ein Stück weiter, den Teddy im Arm.

Jessicas Mutter kennt sich. Wäre sie im Zimmer geblieben, hätte sie das Nicht-Reagieren nicht mehr lange ausgehalten. Indem sie erst mal Abstand suchte, hat sie beiden geholfen.

Abstand gewinnen

Diese Methode ist auch in anderen Situationen zu empfehlen, wenn Eltern erst mal einen kritischen Abstand und einen Moment zum Durchatmen brauchen (siehe Seite 87 f.).

Es reizt, Macht gegen Macht zu setzen.

Man kann sich, wie Jessicas Mutter, körperlich aus einem Machtkampf zurückziehen, man kann das aber auch geistig tun.

Oft macht uns so ein kindlicher Erpressungsversuch wütend. Wir wollen doch mal sehen, wer hier der Stärkere ist – und schon sind wir drin im Machtkampf.

Wir können aber versuchen, das Ganze weniger persönlich zu nehmen. Uns fragen: Was läuft da gerade? In welcher Situation befindet sich das Kind? Was bezweckt es mit dem, was es gerade tut? Diese distanzierte Sichtweise schützt uns etwas gegen die persönliche Betroffenheit und den aufsteigenden Ärger.

Wir können aber auch einfach tief durchatmen und an den komischen Film von gestern Abend denken. Oder uns im Geiste neben uns stellen und über unsere eigene Hilflosigkeit oder die pfiffige kleine Kröte einfach lachen. Wenn es klappt – prima.

Anordnen macht aufmüpfig

Tina und ihr Bruder haben den Nachmittag über in ihrem Zimmer gespielt. Jetzt sieht es dort aus wie bei Hempels unterm Sofa. Der Vater ist empört und fordert Tina auf, die Unordnung zu beseitigen. Der Bruder ist inzwischen zum Sport gegangen, kommt erst spät wieder. Tina sieht nicht ein, dass sie allein aufräumen soll. Aber der Vater will bald wieder Ordnung haben. Heute Abend kommt noch Besuch und der guckt womöglich auch mal ins Kinderzimmer. „Wenn du jetzt nicht aufräumst, gibt es nachher kein Fernsehen." Der Vater ist überzeugt, Tina damit

Eltern riskieren immer dann einen Machtkampf, wenn sie bestimmen und anordnen, ohne sich um die Sicht des Kindes zu kümmern.

zu kriegen, denn an der Sendung liegt ihr sehr viel. Aber zur Fernseh-zeit sitzt Tina noch immer im Chaos und blättert in einem Comic-Heft. „Ich hatte heute sowieso keine Lust zum Fernsehen", erklärt sie.

Der Vater schnaubt und wütet. Jetzt fällt ihm nichts mehr ein, womit er die Tochter zum Aufräumen bewegen könnte.

Diesen Machtkampf hat Tina gewonnen, weil sie dem Vater einfach die Waffe entschärft hat. Zu gewinnen war ihr sogar wichtiger, als ihre Lieblingssendung zu sehen.

Der Vater ist wütend, weil die Tochter ihn in eine Position der Hilflosigkeit manövriert hat. Das macht nun mal wütend. In diesem Moment ist er nicht geneigt, sich über Tinas Motive Gedanken zu machen. Der Vater erfährt:

Machtlosigkeit macht wütend.

So fühlen sich auch Kinder, wenn die Eltern sie zu etwas zwingen wollen. Und das ist eine denkbar schlechte Basis, wenn man etwas einsehen soll.

Wenn Anordnen aufmüpfig macht, zum Widerstand reizt, dann lässt sich mancher Machtkampf von vornherein vermeiden, wenn man notwendige Beschränkungen vorher bespricht und gemeinsam beschließt.

Jugendliche sind besonders allergisch, wenn ihnen die Möglichkeit beschnitten wird, über ihre Angelegenheiten selbst zu entscheiden.

Luisa ist, wie fast alle Teenies, oft anderer Ansicht als ihre Eltern darüber, wann sie abends zu Hause sein soll. Trotzdem kommt sie mit den Alten ganz gut zurecht. Die hören wenigstens auf ihre Argumente und lassen sich auf Verhandlungen ein. Die nächste Party geht bis elf, obwohl Luisa sonst immer um zehn gehen soll. Ein Mädchen aus dem Nebenhaus will sich kurz vor elf von ihrem Vater abholen lassen. Das ist Luisas Eltern aber zu spät. Da hat sie das Mädchen gefragt, ob ihr Vater auch schon um halb elf kommen und sie dann mitnehmen könnte. Mit diesem Kompromiss sind alle einverstanden, denn Luisa ist nur wenig später zu Hause, als wenn sie um zehn gegangen und mit dem Bus gefahren wäre.

An solche selbst mitbeschlossenen Absprachen halten sich Jugend-liche erfahrungsgemäß viel leichter, als wenn ihnen ein Termin autoritär vor die Nase gesetzt wird. Den versuchen sie wahrscheinlich mit allen erdenklichen Tricks zu unterlaufen.

> Mit zunehmendem Alter des Kindes sollten Eltern so oft wie nur möglich auf ihre Macht verzichten oder zugeben, dass sie manchmal gar keine Macht haben. Sie sollten nicht versuchen zu zwingen, sondern zu raten und zu überzeugen. Sie sollten sie anregen und ermutigen, statt zu fordern. Sie sollten etwas vorleben, statt es zu predigen.

Macht nicht missbrauchen

Machtausübung, die als körperliche Gewalt daherkommt, ist immer zum Schaden der Kinder. Die Kinder sind dabei zunächst immer die Schwächeren. Sie speichern Wut, Hass und verletztes Selbstwertgefühl, bis sie selbst so stark sind, um Gewalt anwenden zu können. Sie lernen am Modell der schlagenden Erwachsenen, dass es akzeptabel ist, Gewalt gegen Schwächere zu üben, um sich selbst zu behaupten (siehe Seite 25).

Doch Macht ausüben, das bedeutet nicht nur Gewaltanwendung, nicht nur anordnen, zwingen, strafen. Macht kann auch leise und sanft daherkommen.

Da wir Macht über unsere Kinder haben, müssen wir uns immer wieder fragen, ob wir sie auch nur zu ihrem Nutzen anwenden, nicht aber zu ihrem Schaden.

Emine ist ein rebellisches kleines Mädchen. Immer hat sie ihren eigenen Kopf, selten will sie das, was Mutter und Tante gut finden. Gestern musste Mama plötzlich mit dem Krankenwagen abgeholt werden, weil sie einen Schwächeanfall erlitten hatte. Emine war sehr erschrocken.

Die Tante hat ihre liebe Not mit dem eigenwilligen Persönchen. „Wenn du jetzt nicht gehorchst", sagt sie schließlich zu Emine, „falle ich auch noch um, und dann ist überhaupt niemand mehr da, der sich um dich kümmert." Emine wird sehr still und tut, was verlangt wird.

Eine sehr wirksame Methode offenbar, aber auch eine sehr gemeine. Emine war verstört, als die Mutter auf einmal umfiel. Wahrscheinlich brachte sie das ohnehin mit ihrem Verhalten in Verbindung, weil die Mutter so oft mit ihr schimpfte. Jetzt merkt sie schmerzlich, wie sehr sie die Mutter vermisst. Ohne Mutter, ohne Tante ist sie hilflos. Dafür kann sie aber nichts. Und genau das nutzt die Tante aus. Außerdem weckt sie in dem Kind Schuldgefühle, die ganz und gar unberechtigt sind.

Nie mit Liebesentzug drohen

Kinder sind darauf angewiesen, dass wir sie lieb haben.

Ohne unsere Liebe können Kinder nicht gedeihen. Auch das dürfen wir nicht mit erpresserischen Absichten missbrauchen.

Benjamin hat eine kleine Schwester bekommen. Er akzeptiert das auch recht bereitwillig, macht „ei", hält ihr zum Trinken das Fläschchen oder schaukelt den Kinderwagen. Aber manchmal sticht ihn der Hafer. Dann wischt er ihr ganz schnell mal eine und guckt recht befriedigt, wenn sie anfängt zu brüllen.

Seine Mutter ist darüber empört. Aber sie hat sich vorgenommen, den Jungen nicht zu strafen. Deswegen sagt sie nur sanft zu ihm: „Benjamin, wenn du so böse bist, habe ich dich nicht mehr lieb!"

Kann sie das? Kann man aus pädagogischen Gründen ein Kind nicht mehr lieb haben?

Das muss Benjamins bohrendem Verdacht, die Mutter habe das Kleine sowieso lieber als ihn, noch mehr Nahrung geben. Armer Benjamin! Ob er seinem Schwesterchen dadurch freundlicher gesonnen wird? Aus Selbstschutz lernt er vielleicht, auf solche Sprüche überhaupt nicht mehr zu hören. Ob das für die Mutter so angenehm ist?

So ein ruhig geäußerter Satz kann noch schlimmer treffen und noch länger schaden als eine Ohrfeige.

Selbstständigkeit fördern

*Selbstständigkeit ist ein wichtiges Erziehungsziel.
Sie erwirbt das Kind, wenn die Eltern Vertrauen in
seine Fähigkeiten haben, es ausprobieren und
auch Fehler machen lassen – im Rahmen seiner
altersgemäßen Möglichkeiten.*

Dem Kind überlassen, was seine Sache ist

Kinder wissen oft recht gut, was sie brauchen, wenn Eltern auf sie hören, nicht immer mit ihren eigenen Ansichten dazwischenfahren.

In den dreißiger Jahren gab es in den USA ein Aufsehen erregendes Experiment zum Essverhalten von Kleinkindern. Wenn man den Kindern völlig freistellte, zu jeder Mahlzeit zu essen, was immer sie wollten, stellten sie so manches Mal Besorgnis erregende Menüs zusammen. Zweijährige sollen bis zu sieben Eier auf einmal gegessen haben. Als man jedoch mehrere Wochen zusammenfassend errechnete, was und in welcher Menge die Kinder gegessen hatten, stellte man mit Verwunderung fest, dass sie sich eine erstaunlich ausgewogene und ihrem Bedarf angepasste Diät zusammengestellt hatten.

Diese Untersuchung ist von Generationen von Erziehungsberatern immer wieder zitiert worden, um Eltern zu erklären, dass Kinder mehr Fähigkeiten haben, als Eltern ihnen oft zutrauen. 1991 wurde dieser legendäre Versuch an der Universität von Illinois wiederholt – mit dem gleichen Ergebnis.

Wenn Eltern aber anfangen, das eine immerzu anzupreisen, anderes zu verbieten, werden Kinder besonders scharf auf das Verbotene, mögen aber das nicht mehr, was sie unbedingt essen sollen. Wenn sie den Eindruck haben, mit Essen den Großen einen Gefallen zu tun, sie mit Nichtessen zu ärgern, dann richten sie sich nicht mehr danach, was sie mögen, sondern danach, ob sie uns gerade eine Freude machen oder ob sie uns ärgern wollen.

Nicht ständig bevormunden

Woher wollen wir wissen, ob das Kind Hunger hat? Das muss es selbst doch besser wissen!

Das Gleiche gilt für viele andere Dinge auch. „Zieh dir den Anorak an, du frierst doch!" Ein Kind, das über den Anorak nicht in einen Machtkampf mit der Mutter gerät, hat keinen Grund, den Anorak nicht anzuziehen, wenn es wirklich friert. Wir können mal erinnern, falls das Kind im Eifer des Spiels nicht merkt, wie kalt es ist, wir können auch raten. Aber wir sollten das nicht mit den Empfindungen des Kindes begründen. Nur warme Strümpfe oder Unterhosen, die man anziehen muss, zieht man heimlich wieder aus und friert sich lieber die Beine blau.

Ein Kind schläft, wenn es müde ist. Wieso auch nicht? Nur ein Kind, dem die Eltern vorschreiben, dass es zu einer bestimmten Zeit einzuschlafen hat, das will dann gerade nicht, auch wenn es noch so müde ist.

Oft besteht unsere Erziehung eher darin, den kindlichen Drang nach Selbstständigkeit zu beschneiden, als ihn zu fördern.

Spielen können Kinder besser

Sarah ist ein Einzelkind. Ihre Eltern haben manchmal ein schlechtes Gewissen, weil Sarah keine Spielgefährten hat. Deshalb spielen sie so oft wie möglich mit ihr. Sie lesen viel in Elternzeitschriften über kindgemäßes Spielen, sammeln interessante Ideen, um sie mit Sarah auszuprobieren, basteln und singen mit ihr.

Sarah mag das auch gern. Sobald sich einer von beiden zu ihr setzt, will sie wissen, was heute gemacht wird. Aber wenn sie allein ist, weiß sie nichts anzufangen, wird grantig und ungeduldig.

Viele Erwachsene glauben, sie müssten ein Kind ständig zum Spielen anregen.

Kinder, die sich daran gewöhnen, immerfort beschäftigt und „bespielt" zu werden, verlieren die schöpferische Unternehmungslust.

Von den Kindern lernen

Dabei sollten eher wir Erwachsenen uns von den Kindern anregen lassen, das kindgemäße Spielen wieder zu lernen. Oft tun wir uns da reichlich schwer. Oder trauen Sie sich zum Beispiel, im Park mit Ihrem Kind um die Wette eine Böschung hinunterzurollen?

Selbst wenn niemand dabei ist, haben wir Hemmungen, wie ein Löwe brüllend durch den Kinderzimmerdschungel zu stapfen oder auf einem Bein hüpfend den Clown zu spielen. Aber es täte uns manchmal gut! Und mit wem soll das Kind Faxen machen, wenn kein anderer Faxenspezialist da ist?

Ein anderes Handicap von Erwachsenen ist, dass sie glauben, überall die Überlegenen zu sein und dem Kind selbst beim Spielen etwas beibringen zu müssen. Und dann wundern wir uns, wenn das Kind die Lust verliert mit einem Spielgefährten, der alles besser weiß.

Wir tun deshalb gut daran, uns beim Spielen mit unseren Ideen und Vorstellungen zurückzuhalten, dem Kind die Regie zu überlassen. Fragen wir lieber: „Was wollen wir spielen? Was soll ich tun?" Dann stehen uns faszinierende Ausflüge ins Land der kindlichen Fantasie bevor, aus dem wir längst vertrieben waren.

Selbst ist das Kind

Die meisten Kinder sind stolz darauf, dass sie etwas schon selbst können und verbitten sich jede Einmischung.

Die dreijährige Lea ist sehr stolz darauf, dass sie jetzt ganz allein auf die Toilette gehen kann. Den Lichtschalter erreicht sie ganz knapp mit der äußersten Fingerspitze. Dann geht sie ins Bad und macht die Tür hinter sich zu! Man hört sie mit dem Toilettensitz hantieren, spülen, den Wasserhahn an- und wieder ausmachen, dann kommt sie stolz wieder heraus. Ob die Hose korrekt sitzt, die Hände richtig trocken sind, das Toilettenpapier nicht zu weit abgerollt ist – was zählt das schon gegen den Stolz des Kindes auf die eigenen Fähigkeiten?

Nur durch Selbermachen lernt das Kind seine Möglichkeiten kennen. Es gewinnt an Selbstvertrauen, wenn es erlebt, was es alles kann. Kindern zu viel abzunehmen, macht sie unselbstständig und unsicher oder bequem.

> Tu niemals etwas für ein Kind, was es auch selbst tun kann.

Kinder sind nicht so hilflos, auch nicht so „dumm", wie Erwachsene manchmal meinen.

Sicher, zu Anfang ist es oft einfacher, etwas schnell und gekonnt selbst zu erledigen, als das Kind zeitraubend und unvollkommen werkeln zu lassen. Wenn der Einjährige allein isst, gibt das fast immer eine ziemliche Mantscherei. Wenn die Zweijährige sich allein den Pulli anzieht, sind wahrscheinlich die Nähte außen oder das Rückenteil ist vorn. Na und?

Wenn wir Kindern zu wenig Gelegenheiten geben, sich um die eigenen Angelegenheiten selbst zu kümmern, werden ihre Fähigkeiten stumpf, dann gewöhnen sie sich daran, für alles und jedes unsere

Hilfe in Anspruch zu nehmen. Sie entdecken dann leicht, dass es recht bequem ist, andere für sich tun zu lassen, was Mühe macht. Oder sie setzen ihre Hilflosigkeit ein, um die Erwachsenen mit sich zu beschäftigen.

Papa putzt gerade Fenster. Karel gefällt das nicht. „Papa, Toilette!", *fordert er. „Mach das allein", antwortet Papa, der keine Lust hat, schon* *wieder von der Leiter zu steigen. Aber heute ist Karel wenig geneigt,* *selbstständig zu sein. „Geht nicht auf", erklärt er und nestelt lustlos an* *seiner Hose herum. Nach längerem Genörgel wird Papa das Risiko* *eines Malheurs zu groß, er steigt missmutig von der Leiter, setzt das* *Kind auf die Toilette, hockt sich davor auf den Badewannenrand. Karel* *drückt versonnen und strahlt Papa dabei an – so findet er das doch* *viel schöner, als wenn Papa oben auf der Leiter steht.*

Karel wollte Zuwendung. Er setzte seine angebliche Hilflosigkeit ein, um sie zu bekommen. Die Zuwendung soll Karel haben. Aber nicht für Hilflosigkeit. Der Vater hätte ihm lieber versprechen sollen, ihm etwas vorzulesen, sobald das Fenster fertig ist, wenn er jetzt allein auf die Toilette geht.

Kinder, denen zu viel abgenommen wird, erfahren zu selten, was sie selbst alles können. Je überlegener sich die Großen geben, desto kleiner und hilfloser fühlen sie sich. Deshalb sollte man Hilflosigkeit nicht unterstützen.

Mara macht Mathe-Hausaufgaben. Sie hat die Rechenwege einfach *nicht verstanden. „Mutti, Brüche malnehmen – muss ich da unten mal-* *nehmen oder nur oben?" Mutti versteht die Frage nicht ganz. „Zeig* *mal her!", sagt sie, nimmt einen Stift, wirft ein paar Zahlen aufs Papier,* *dann präsentiert sie Mara die Ergebnisse. „Hier, das kommt raus, rech-* *ne nach." Mara überträgt lustlos die Zahlen in ihr Heft. Sie ist nach* *wie vor überzeugt, dass sie das sowieso nicht kapiert.*

Wenn wir etwas für ein Kind tun, anstatt es zu ermutigen, es selbst zu probieren, drücken wir Miss- achtung aus.

Wir Erwachsenen finden es oft nicht der Mühe wert, solange zu erklären oder anzuleiten, bis das Kind es selber machen kann. Die Folge ist, dass es sich selbst auch so wenig zutraut wie wir ihm.

Wenn wir Kindern dagegen etwas zutrauen, wenn wir ihnen Mut machen, es selbst zu versuchen, dann wachsen sie an ihren Aufgaben und sind mächtig stolz auf das, was sie können.

Nicht zu sehr beglucken

Der fünfjährige Joshua gilt auf dem Spielplatz als komische Figur. Er ist linkisch und gehemmt. Wenn er mit einem anderen Kind aneinander gerät, fängt er meistens an, schrill nach seiner Mama zu rufen und die kommt dann gelaufen, um ihren Sohn zu beschützen oder sie hängt schimpfend aus dem Fenster.

Immer mal wieder, wenn es unten gerade langweilig ist, sticht eines der Kinder der Hafer. Es ärgert oder haut Joshua und richtet dabei seinen Blick erwartungsvoll nach oben. Joshua bekommt diese übertriebene Fürsorglichkeit gar nicht.

Joshua ist ein lange vergeblich erwartetes Wunschkind. Als er sich ankündigte, hat seine Mutter ihren Beruf aufgegeben, um ganz für ihr Kind da zu sein. Sie versucht, ihn zu fördern und ihm zu helfen, wo sie nur kann. Zu Freunden sagt sie, dieses Kind sei ihr Ein und Alles und der Sinn ihres Lebens. Jedes Gespräch mit ihr landet binnen Kürze unweigerlich bei Joshua – seinen Fortschritten, seinen Kümmernissen, seiner Entwicklung.

Joshua fühlt sich ohne seine Mama hilflos und verloren in einer eher feindseligen Welt. Denn die Welt richtet sich viel weniger nach seinen Wünschen als die Mama. Seine Mama ist die Einzige, die ihn versteht und die ihm hilft.

Leisten Sie Ihrem Kind nur „Hilfe zur Selbsthilfe".

> Überfürsorglichkeit führt zu Unselbstständigkeit und mangelndem Selbstvertrauen. Wer seinem Kind alle Steine aus dem Weg räumt, enthält ihm die Chance vor zu erleben, dass es selbst fähig ist, sie fortzuräumen.

Machen Sie Ihrem Kind Mut, zeigen Sie ihm Ihr Vertrauen. Erliegen Sie nicht dem Zwang, sich als „ideale Eltern" erweisen zu müssen, die sich vorbildlich um alles kümmern. Viel wichtiger ist, dass Ihr Kind selbstständig wird.

Auch Mütter müssen selbstständig bleiben

Übertriebene Fürsorglichkeit, die dem Kind die Luft abdrückt, ist vor allem ein Problem von Müttern. Mütter, die zu sehr für ihre Kinder leben, versuchen leicht, auch ihre eigenen Wünsche, Träume, Vorstellungen über die Kinder zu erfüllen. Entwickeln diese dann eigene Vorstellungen von ihrem Leben, sind die Folge oft Zerwürfnisse und Trotzreaktionen. Gelassenheit, Toleranz und gegenseitige Achtung können sich dabei nur schlecht entwickeln.

Die Ziele nicht zu hoch stecken

Kindern zu wenig zuzutrauen, entmutigt sie. Es ist aber auch entmutigend, ständig von einem Kind Leistungen zu erwarten, die es nicht oder nur mit äußerster Anstrengung erreichen kann.

Manuel hat zum ersten Mal in Mathe eine Eins geschrieben. Begeistert hält er seiner Mutter gleich beim Heimkommen das Heft unter die Nase. „Ich weiß, dass du das kannst", sagt seine Mutter, „wenn du nicht oft so huschig wärst, hättest du schon mehr Einsen schreiben können. Aber jetzt bleibt das hoffentlich so."

Jetzt kann Manuel sich über die Eins gar nicht mehr richtig freuen. Er sieht die Erwartungen der Mutter wie einen hohen Berg vor sich und fürchtet sich davor, dort hinaufklettern zu müssen.

Kinder sollten sich ihre Ziele immer so stecken, dass es schon anstrengend ist, sie zu erreichen, denn Sich-Anstrengen und Erfolghaben machen Spaß! Aber die Angst, womöglich zu versagen, darf nicht die Oberhand gewinnen.

Mut machen, Hilfestellungen geben

Anna ist sehr schüchtern. Es fällt ihr schwer, Menschen anzusprechen, die sie nicht kennt.

Für ein Schulprojekt soll sie einen Arzt über die Gefahren des Rauchens befragen und einen kurzen Bericht darüber schreiben. Anna schiebt das schon eine Woche vor sich her – sie traut sich einfach nicht. Der Vater hilft ihr, das Ganze aufzuteilen:

Wenn Kinder vor einer großen Aufgabe den Mut verlieren, können Eltern ihnen helfen, das Ganze in kleinere, leichter gangbare Schritte aufzuteilen.

1. *Wer könnte angesprochen werden? Anna fällt ihre Kinderärztin ein – die ist sehr nett.*
2. *Was muss gefragt werden? Anna macht sich eine Liste ihrer Fragen, die gleich noch Platz hat für Notizen zu den Antworten.*
3. *Die Ärztin anrufen, Termin vereinbaren. Anna findet es besser, einfach in die Sprechstunde zu gehen. Das nimmt sie sich für den nächsten Tag vor.*
4. *Anhand der Liste einen Text verfassen – das fällt Anna leicht. Das kann sie übermorgen machen.*

Als Anna das Ganze so klar gegliedert auf einem Blatt vor sich sieht, fällt es ihr viel leichter, sich an die Arbeit zu machen.

Keine Jagd auf Fehler

Wenn Kinder nicht probieren dürfen, können sie nichts lernen. Wenn sie beim Probieren keine Fehler machen dürfen, verlieren sie schnell den Mut. Und was ist schon ein Fehler?

Was schadet es, wenn bei den Versuchen eines Kindes, seine Schnitte selbst zu schmieren, der Tisch etwas abkriegt – wozu gibt es Plastikdecken?

Was schadet es, wenn die allein bewältigten Hausaufgaben nicht ganz fehlerfrei sind? Woran soll die Lehrerin sonst sehen, was noch Schwierigkeiten macht?

Wir Großen starren zu sehr auf die Fehler, die Kinder beim Lernen machen und wollen sie möglichst schnell ausmerzen.

„Nein, nicht Lume, sag mal B-l-ume!", korrigieren wir immer wieder die ersten Sprechversuche und verschütten dabei leicht die Begeisterung des Kindes für das Sprechen.

Leicht verschütten wir dabei auch wortschöpferische Kreativität. Ein „Stielbaum"? Was ist denn das? Der Duden sieht ihn nicht vor, aber die einfühlende Fantasie erkennt ihn leicht als jungen, sehr schlanken Baum fast ohne Blätter. Hätten Sie das besser ausdrücken können? Und dass „Schießtole" zu dem ballernden Ding eigentlich besser passt als „Pistole", müssen Sie doch wohl zugeben. Was also gibt es da zu lachen?

Oft sind Fehler ganz „logisch". Ein Kind, das „gegießt" sagt, hat begriffen, wie im Allgemeinen die Vergangenheitsform von Verben gebildet wird – ein toller Fortschritt. Aber wird es dafür gelobt? Eher wird es korrigiert oder ausgelacht.

Fehler, kluge Fehler, sinnvolle Fehler, sind der Schlüssel zum Erfolg.

Keine Angst vor „dummen" Fehlern

Wie viel schöpferische Fantasie wird abgeschnitten, wenn alles, was Kinder sagen oder tun, immer nur mit der Messlatte „richtig oder falsch" gemessen wird. Kinder, die auf Fehlerfreiheit getrimmt werden, verlieren die Freiheit und die Lust zum Suchen, zum Bilden von Hypothesen, zum aktiven Prüfen und Erforschen.

Wie zum Beispiel entsteht ein Schatten? Und wo ist er, wenn die Sonne nicht scheint? „Bei Regen geht der Schatten in mich rein, damit er nicht nass wird." Ist das nun ein lächerlicher Kinderfehler, Beleg für ein noch mangelhaftes Denkvermögen oder Ausdruck erfreulich kreativen Nachdenkens?

Kann ich den Schatten mit einer Decke zudecken, mit Sand zuschütten, mittels Klebeband am Weiterwandern hindern? Nur Kinder, die keine Angst vor „dummen" Fehlern und der Überheblichkeit der Erwachsenen haben, werden in dieser Weise neugierig und unbefangen ihre Umwelt erforschen.

Viel wichtiger als Fehlerfreiheit ist die Fähigkeit, aus einem Fehler den richtigen Schluss zu ziehen und wohlgemut und kreativ nach der nächst besseren Lösung zu suchen. Und das ist dann ein Fortschritt, und nicht in erster Linie ein ärgerlicher Fehler!

Loben mit Verstand

Die zweijährige Sophia baut mit ihren Legosteinen. Mühsam fummelt sie einen Stein auf den anderen, freut sich, wenn er mit einem leisen Klacken festsitzt. Jedes Mal, wenn das geschieht, sieht sie ihre Mutter

erwartungsvoll an. „Toll", sagt die Mutter oder „fein" oder „prima".
Erst dann werkelt Sophia weiter.

Sophias Mutter möchte ihre Tochter durch viel Lob ermutigen. Der Grundgedanke ist zweifellos richtig. Kinder brauchen viel Ermutigung. Sie möchten auch sehen, dass das, was sie tun, andere freut. Aber ständiges Loben kann ein Kind auch unselbstständig und abhängig halten.

Lob muss begründet sein

Die Bestätigung, der Anreiz für das Kind liegt in der Sache, im Erfolg selbst.

Die Aktionen eines kleinen Kindes unentwegt mit einer Begleitmusik aus „fein" und „toll" zu berieseln, lässt noch lange kein eigenständiges Selbstbewusstsein wachsen. Das Kind muss wenigstens erfahren, was wir an seinem Verhalten oder seinem Produkt so toll finden, damit es lernen kann, unsere Kriterien nachzuvollziehen. „So ein feiner Turm, so hoch ist er schon" – ist da schon hilfreicher.

Aber warum müssen wir das überhaupt lobend herausstreichen? Das Kind erlebt doch selbst, dass das der höchste Turm ist, den es bisher zuwege gebracht hat, und freut sich darüber auch ohne ausdrückliches Lob. Bei älteren Kindern macht es einen Riesenunterschied, ob sie eine Leistung um ihrer selbst willen zu erbringen versuchen und die Bestätigung im Erfolg finden, oder ob sie sich erst in Bewegung setzen, wenn ein Lob, eine gute Zensur, eine Belohnung dabei herausspringt.

Gezielt ermutigen statt gedankenlos loben

Es gibt aber noch einen zweiten Grund, der mir das ständige, kritiklose Loben suspekt erscheinen lässt.

Da hält uns eine Dreijährige ein in zwei Minuten aufs Papier geworfenes Gekritzel unter die Nase. Und was sagen wir? „Fein, mach weiter." Was soll das? Wollen wir das Kind nur loswerden für einige weitere Minuten stiller Beschäftigung?

Eine interessierte Nachfrage wäre angebrachter. „Was ist denn das?" Das regt das Kind an, sein Werk selbst zu interpretieren und weiter darüber nachzudenken, macht ihm aber nicht vor, dieses flinke Produkt sei etwas Besonderes.

Es stimmt, Lob ermutigt und baut auf, Kritik kann entmutigen oder kränken. Trotzdem kann das nicht Anlass dafür sein, auch Nachlässiges oder Belangloses ständig lobend herauszustreichen, kein Wort der Kritik das wachsende Selbstwertgefühl beeinträchtigen zu lassen. So ein künstlich aufgeblasenes Selbstbewusstsein muss doch wie ein Luftballon zerplatzen, wenn das Kind eines Tages – im Kindergarten, in der Schule – Anerkennung bei anderen sucht, die das Theater nicht mitmachen.

Ein geäußertes Lob sollte immer Interesse ausdrücken, aber es sollte auch ehrlich sein. Nachlässiges oder gar Missratenes kann ich nicht loben.

Kritik darf nicht entmutigen

Ich muss nicht alles, was ein Kind tut, durch einen kritischen Filter schicken und dann mit „gut" oder „schlecht" bewerten. Ein Kind lernt auch selbst zu beurteilen, ob ihm etwas gut gelungen ist oder nicht. Vielleicht hat es dafür ganz andere Maßstäbe als ich. Wie ein Turm aussieht, den es baut, ist ihm vielleicht völlig egal, Hauptsache, er lässt sich zum Schluss mit möglichst viel Getöse wieder umwerfen.

Aber manchmal möchte das Kind eine Bewertung von mir haben. Wenn ich das, was ein Kind tut oder produziert, nie kritisiere, drückt das im Grunde Geringschätzung aus – ich traue ihm nicht zu, damit fertig zu werden.

Konstruktive Kritik hilft weiter

Ich kann Kritik immer auch so äußern, dass sie nicht entmutigt, weil sie einen Weg zeigt, es beim nächsten Mal besser zu machen. Es macht einen Unterschied, ob ich sage: „Das ist aber nicht gut geworden" oder „Das Flugzeug, das du vorher gebaut hast, gefiel mir besser – das konnte umherfahren, ohne gleich auseinander zu brechen."

Wenn eine kritische Äußerung auch noch einen Hinweis enthält, wie man das Kritisierte beim nächsten Mal besser machen könnte, dann ist das eine konstruktive Kritik, eine, die aufbaut und weiterhilft, die das Zutrauen ausdrückt, dass man es besser machen kann. Eine destruktive Kritik dagegen ist eine, die kränkt, die niedermacht und entmutigt.

„Messer, Gabel, Schere, Licht ...“

Es ist wichtig, Kinder unter Aufsicht Erfahrungen mit gefährlichen Gegenständen machen zu lassen.

„... sind für kleine Kinder nicht" – den Spruch kennen wir alle. Aber Hochlegen, Verstecken, Verschließen ist nicht die ganze Lösung des Problems. Mit Gefährlichem vertraut machen ist viel besser.

Wir umgeben die Aktivitäten unserer Kinder viel zu häufig mit Bemerkungen wie: „Das kannst du noch nicht", „Das ist noch nichts für dich." Dadurch möchten wir sie vor Schaden bewahren. Dadurch hindern wir sie aber auch daran, ihre eigenen Erfahrungen mit gefährlichen Situationen zu machen, damit sie im Notfall nicht den Kopf verlieren, sondern sinnvoll reagieren. Deshalb ist es wichtig, ihnen zu zeigen, wie man es richtig macht und wovor man sich dabei hüten muss.

Sicher werden Sie das scharfe Brotmesser nicht in Kindergreifhöhe herumliegen lassen. Aber es ist trotzdem sinnvoll, Drei- oder Vierjährige ausprobieren zu lassen, wie scharf es ist, ihnen zu zeigen, wie man seine Hände vor der Schneide in Sicherheit bringt und wie man so ein Messer möglichst sicher anfasst und trägt.

Natürlich können Sie den Dreijährigen nicht unbeaufsichtigt mit einem Hammer hantieren lassen. Es muss jemand darauf achten, dass er gerade in der Stimmung ist, umsichtig und besonnen damit umzugehen. Fängt er an zu albern, zu tollen, bekommt er Lust, den Hammer lieber als Wurfgeschoss zu benutzen – und das tun Kinder nun mal – muss einer da sein, der den Hammer wegnimmt.

Sicher werden Sie Streichhölzer und Feuerzeug unter Verschluss halten. Aber gerade Verschlossenes oder Verbotenes reizt Kinder ungemein. Und Feuer sowieso. Deshalb ist es auch wichtig, dass sie unter Aufsicht mal Streichholz oder Kerze anzünden dürfen, vor allem aber lernen, wie man sie wieder ausmacht. Denn so mancher von Kindern verursachte Brand entsteht dadurch, dass sie das angezündete Hölzchen oder Papier in Panik einfach wegwerfen.

Ein bisschen Herzklopfen gehört dazu

Wir möchten unsere Kinder gern behüten und vor Schaden bewahren. Aber mit zu großer Ängstlichkeit erreichen wir das Gegenteil .

Julian ist mit Oma auf dem Spielplatz. Oma ist recht ängstlich, dass dem Kind etwas passieren könnte. Julian steuert auf die hohe und steile Leiter zur Rutsche zu: „Nein Julian, da nicht, das ist zu gefährlich." Also marschiert Julian zum Klettergerüst, erklimmt etwas zögerlich und immer wieder zu Oma blickend eine Sprosse nach der anderen. Jetzt will er nach rechts rüberhangeln. „Pass auf, Julian, du fällst gleich runter!", ruft Oma und springt auf, um zu helfen. Julian bremst mitten in der Bewegung, rutscht mit dem Fuß ab – und fällt.

Überbehütung untergräbt Selbstständigkeit.

Kinder lernen viel besser, die Möglichkeiten ihres Körpers und die Tücken der Objekte richtig einzuschätzen, wenn sie sie selbstständig erforschen und erfahren. Wenn nicht ständig jemand zur Vorsicht mahnt oder sicherheitshalber helfend eingreift.

Zu viel Hilfe macht unsicher

Die ständige Warnung: „Pass auf, du fällst!" unterminiert das kindliche Selbstvertrauen und erhöht die Wahrscheinlichkeit, dass das Kind wirklich fällt.

Unentwegtes Warnen macht Kinder ängstlich, ihre Bewegungen verkrampft, weil hin- und hergerissen zwischen Wollen und Sichnicht-Trauen. Für den gar zu leichtfertigen Draufgänger ist die gelegentliche Beule ein wirksameres Korrektiv als die ständige Ermahnung.

Eltern müssen nicht den Ehrgeiz haben, jeden Sturz, jede Beule zu verhindern. Erstens schaffen sie das sowieso nicht, zweitens ist es nicht einmal wünschenswert. (Dass wir es trotzdem so einzurichten versuchen, dass aus der Beule keine Gehirnerschütterung wird, ist wohl selbstverständlich).

Niemand kann verhindern, dass Kinder irgendwann tun, was sie nicht tun sollen. Wenn sie dann wenigstens wissen, wie man sich richtig verhält, sind sie weniger gefährdet.

Der vierjährige Peter ist mit seiner Mutter zum Einkaufen gegangen. Weil er seinen Roller dabei hat, lässt die Mutter Kind und Roller kurz draußen stehen, nicht ohne den Jungen eindringlich zu ermahnen, nicht wegzulaufen. Als sie zurückkommt, ist Peter weg. Immer aufgeregter sucht sie die Umgebung nach ihm ab – nichts. Mit flatternden Nerven macht sie sich schließlich über mehrere Ampelkreuzungen hinweg auf den Heimweg. Vielleicht ist der Junge ja doch ... Und richtig, vor der Haustür steht Peter, freundlich und stolz. Aus der Mutter bricht die Angst der letzten Viertelstunde in einem Sturzbach von Tränen heraus. Ihr Peter guckt sie verwundert an und erklärt: „Ich bin aber nur bei Grün rübergegangen!"

Das hätte schief gehen können. Die Mutter hatte noch nicht vor, den Vierjährigen in dieser verkehrsreichen Gegend allein gehen zu lassen. Trotzdem hatte sie ihm ständig gezeigt und erklärt, wie man sich verhalten muss, um heil über die Straße zu kommen. Und Peter hatte gut gelernt.

Es unterscheidet Erziehung von Vernachlässigung, dass man die Risiken sorgfältig, den Eigenheiten und Fähigkeiten des Kindes entsprechend, abschätzt.

Mit zunehmendem Alter brauchen Kinder immer mehr Möglichkeiten, auch riskante Dinge selbstständig auszuprobieren. Ihnen das zu ermöglichen, heißt nicht, die eigenen Pflichten zu vernachlässigen.

Jedes „Lass das, das kannst du noch nicht" vermittelt dem Kind, dass wir wenig Zutrauen zu ihm haben. Das untergräbt sein Selbstvertrauen. Jede Hilfe, etwas Riskantes zu lernen, sagt ihm: „Ich traue dir das zu." Jeder erfolgreiche Versuch macht ihm Mut für den nächsten, stärkt das Vertrauen in die eigenen Fähigkeiten. Und das ist die Atmosphäre, in der Kinder selbstbewusst und selbstständig werden.

Mit Kindern reden

Nicht zu dem Kind, sondern mit ihm reden – lautet der Grundsatz. Ernst nehmen, was das Kind äußert, darüber nachdenken und behutsam nachfragen. So entwickelt sich eine vertrauensvolle Atmosphäre, in der Kinder lernen, Situationen differenziert wahrzunehmen und auch die Bedürfnisse anderer zu verstehen.

Kinder als Gesprächspartner

Eltern sollten fragen statt anordnen, vorschlagen statt predigen.

Eltern reden zu häufig nicht mit ihren Kindern, sondern zu ihnen. Sie mahnen, sie warnen, sie predigen und schimpfen. Die Kinder hören sich das an, reagieren darauf oder auch nicht. Wahrscheinlich eher nicht. Eigene Gedanken sind dabei nicht gefragt.

Solange ich zu einem Kind rede, statt mit ihm, mache ich es lediglich zu einem Objekt meiner erzieherischen Bemühungen.

Will ich mit einem Kind reden, wird aus dieser einseitigen Kommunikation eine wechselseitige. Ich muss ihm so aufmerksam zuhören, wie ich erwarte, dass es mir zuhört, ich muss seinen Gedanken, seinen Argumenten das gleiche Gewicht beimessen wie meinen eigenen. Ich darf nicht von vornherein festlegen, was das Ergebnis des Gesprächs sein soll.

Das mag Ihnen illusorisch vorkommen. Kinder können so egozentrisch, so „unreif" sein in dem, was sie sagen und wollen. Aber so „unvernünftig" bleiben sie unnötig lange, wenn wir ihnen nicht viel Gelegenheit geben, ihre Urteilsfähigkeit zu üben.

Eltern, die es mit der Einrichtung eines Familienrates probiert haben (siehe Seite 102), äußern sich immer wieder verblüfft darüber, wie ernsthaft und kompetent Kinder über gemeinsame Angelegenheiten nachdenken und reden, wenn man ihnen ehrlich und ohne Überheblichkeit Gelegenheit dazu gibt. Das Gleiche berichten Kindergärten, Schulen, Heime, die den Kindern Mitspracherechte einräumen.

Wenn wir damit Ernst machen wollen, müssen wir uns allerdings von dem Gedanken verabschieden, dass wir immer am besten wissen, was gut für das Kind ist, was es denken und tun soll. Dann können wir ihm nicht den Anorak aufdrängen, weil wir finden, dass es friert, dann können wir es nicht zum Essen zwingen, weil wir wissen, dass es Hunger hat.

Doch dann steigt auch die Chance, dass das Kind zuhört, weil es weiß, dass seine Reaktion mitentscheidet über das, was geschieht.

Fragen Sie sich, wenn Ihr Kind Ihnen gerade mal wieder überhaupt nicht zuhört oder sich bockig verweigert: Rede ich gerade mit ihm oder zu ihm?

Aufmerksam zuhören und nachfragen

Die Chance, dass Kinder hören, steigt, wenn auch Eltern ihren Kindern erst mal aufmerksam zuhören, wenn sie sich genauer einstellen auf das, was ihnen Kinder – mit Worten oder auch anders – mitteilen. Dann kann aus einer einseitigen Predigt ein wirkliches Zwiegespräch werden.

Eine Predigt ist kein Gespräch.

Jonathan kommt aus der Schule, pfeffert seine Mappe in die Ecke und erklärt: „Herr Pelzer ist ein Idiot." Antwort der Mutter: „Wie redest du denn von deinem Lehrer!" Jonathan: „Wenn er ein Idiot ist, kann ich das auch sagen." Mutter: „Wenn du immer so frech bist, ist es kein Wunder, dass du Ärger mit Herrn Pelzer kriegst."

Jonathan: „Mit dir kann man ja nicht reden!" – sagt's, stapft davon und knallt die Tür seines Zimmers hinter sich zu.

Jonathan hat das Gespräch abgebrochen, weil er sich nicht verstanden fühlte. Jonathans Mutter hat ihn nicht verstanden, weil sie ihm nicht richtig zugehört, sondern gleich ihren eigenen Senf dazugegeben hat.

Dabei wollte Jonathan nur den Boden bereiten, um seinen Streit mit dem Lehrer erzählen zu können. Er wäre so gerne gefragt worden: „Na, was hat dich denn so geärgert?" Dann hätte er das Ganze im Detail ausgebreitet. Die Mutter hätte hin und wieder vorsichtig nachfragen können, bis sie das Ganze aus seiner Sicht richtig begriffen hätte, seine Reaktion nachempfinden könnte. Jonathan hätte sich dadurch ernst genommen und verstanden gefühlt.

Zuhören bedeutet ernst nehmen

Kinder brauchen nicht immer gleich unseren pädagogischen Senf zu allem, was sie erleben. Oft genügt es ihnen, einen aufmerksamen Zuhörer zu haben, um selbst mit einer Sache klarzukommen. Natürlich können wir in einem partnerschaftlichen Gespräch, in dem jeder die Sicht des anderen ernst nimmt, auch Kritisches äußern. Erst durch die Auseinandersetzung mit anderen Positionen kann ein Mensch die eigene Sichtweise klären und präzisieren.

Unsere kritischen Bemerkungen sind aber nur sinnvoll, wenn sie auch die Chance haben, auf fruchtbaren Boden zu fallen. Die haben sie nur, wenn das Kind sich zunächst mal angenommen und ernst genommen fühlt.

Nachfragen

Je mehr wir Kinder bedrängen, desto höher wird die Mauer des Widerstands.

Nicht allen Kindern gelingt es leicht, in Worten auszudrücken, was sie bewegt. Eine gezielte Frage kann sie dazu ermutigen: „Na, was hat dich denn so geärgert?"

Diese Frage soll die Tür zur Verständigung öffnen, sie soll ausdrücken: „Ich bin bereit, zuzuhören und Anteil zu nehmen."

Aber auch auf die freundlichste Frage können wir uns gelegentlich die knurrige Antwort einfangen: „Lass mich in Ruhe!" Auch das muss akzeptiert werden. Wir haben ein Angebot gemacht, es ist abgelehnt worden – für den Augenblick jedenfalls.

Kinder sind nicht verpflichtet, uns über alles Auskunft zu geben. Manchmal wollen sie mit einer Sache auch allein fertig werden.

Oft werden wir nicht genau wissen, was ein Kind mit bestimmten Bemerkungen ausdrücken will. Wenn wir nachfragen, helfen wir ihm, seine Gedanken so zu ordnen, dass sie uns und vielleicht auch ihm selbst klarer werden. Wir zeigen dem Kind damit auch, dass wir seine Darstellung aufmerksam verfolgen und nachvollziehen.

Fragen regen zum Nachdenken an

Wenn Kinder uns ihre Sicht einer Sache erklären, können sie es oft nicht gut ertragen, wenn wir gleich eine andere Sicht dagegensetzen. Das reizt sie nur zum Widerspruch. Durch Fragen können wir sie anregen, über die Konsequenzen ihrer Sichtweise selbst nachzudenken.

Tanja hat sich mit ihrer Freundin gezankt. Heftig auf die „gemeine Ziege" schimpfend, kommt sie nach Hause. Die Mutter kennt ihre Tochter. Sie hört auch aus dem Bericht heraus, dass Tanjas Sicht ganz und gar einseitig ist, dass wahrscheinlich auch die Freundin Grund hat, gekränkt zu sein. Wenn sie das aber jetzt sagt, wird es ihr die Tochter wohl nicht abnehmen. Deshalb fragt sie lieber nur: „Wie wird es Nadine jetzt gehen, ob sie auch so sauer ist? Wenn Nadine zu dir gesagt hätte, dass du feige bist, wie hättest du dich da gefühlt? Was, meinst du, könnt ihr jetzt tun? Wie wird das wohl Nadine sehen?"

Durch ihre Fragen regt die Mutter Tanja an, diesen Streit auch noch aus anderen Blickwinkeln zu betrachten. Tanja kommt dadurch selbst auf Gedanken, die auch die Mutter schon hatte. Und gegen eigene Gedanken muss man sich nicht verteidigen.

Die Gedanken sind frei

Wenn wir Kinder ermutigen, ihre Gedanken zu äußern, dürfen wir sie aber auch nicht tadeln, wenn das mal recht unerfreuliche Gedanken sind.

Der achtjährige Nils hatte sich das mit dem Pflegebruder ganz anders vorgestellt. An einen Kumpel zum Spielen hatte er gedacht. Aber der Fünfjährige, der da in die Familie kommt, benimmt sich in vielem wie ein Baby. Außerdem ist er launisch und unberechenbar, oft macht er Nils etwas kaputt oder schlägt auf ihn ein. Deshalb eröffnet er eines Abends dem Vater in einem trauten Zwiegespräch, es wäre viel schöner, wenn man Alberto ins Heim zurückgeben würde.

Der Vater weiß zwar, wie schwierig die Situation im Moment ist, aber von solchen Gedanken will er nichts hören. „Schäm dich, Nils, Alberto ist doch jetzt dein Bruder! Was würdest du denn sagen, wenn wir dich so leichten Herzens wieder weggeben würden?"

Nils trifft das sehr hart. Ihm war gar nicht mehr so bewusst, dass auch er ein Pflegekind ist, das adoptiert werden soll. Die alte Angst, vielleicht wieder weggegeben zu werden, kommt in ihm hoch. Schuldbewusst nimmt er sich vor, solche Gedanken nie wieder zu äußern. Aber insgeheim hat er sie trotzdem!

Was ausgesprochen ist, rumort nicht mehr so.

Wenn Kinder die Chance haben, auch böse, unbotmäßige Gedanken zu äußern, können Erwachsene besser verstehen, wie ihnen zumute ist. Oft hilft das schon.

Die Gedanken können aber auch in Ruhe betrachtet und besprochen werden. Nils' Vater hätte Verständnis dafür äußern können, dass der Junge es mit dem neuen Bruder schwer hat. Er hätte ihn aber auch an seine eigenen Schwierigkeiten erinnern können, als er in die Familie kam – wie sie das damals zusammen durchgestanden hatten, wie sie das jetzt genauso probieren wollen. Ohne Groll und Vorwurf hätten sie dann überlegen können, was Nils und vielleicht auch Alberto das Zusammenleben erleichtern könnte.

> Wenn Eltern ihre Kinder für Gedanken, die sie äußern, immer wieder kritisieren und tadeln, lernen die Kinder bald, sich solchen unangenehmen Erfahrungen nicht unnötig auszusetzen. Sie behalten ihre Gedanken für sich, die Tür zur gegenseitigen Verständigung schließt sich.

Mit Kindern wie mit Freunden reden

Wer lange wie ein unmündiges Kind behandelt wird, wird sich auch lange wie ein unmündiges Kind benehmen.

Mit Freunden, mit Kollegen und Nachbarn reden wir im Allgemeinen höflich, zuvorkommend, auf einer Ebene sozusagen. Wir geben ihren Äußerungen das gleiche Gewicht wie unseren, wir bemühen uns, sie nicht zu demütigen oder abzuwerten. Mit Kindern reden wir oft anders.

Einige Redewendungen aus dem Erziehungsalltag:

„Nimm gefälligst deine Füße da weg", „Halt den Mund, du bist nicht gefragt", „Komm, sei lieb, Schätzchen", „Hör zu, wenn ich mit dir rede", „Tu, was ich dir sage."

Es sind Redewendungen von oben herab, mal diktatorisch, mal zuckersüß, aber es schwingt Geringschätzung darin mit – der so Angesprochene wird nicht für voll genommen.

Doch Selbstachtung erwirbt nur, wer geachtet wird. Wir wollen unsere Kinder zu selbstbewussten Persönlichkeiten erziehen, die sich selbst etwas zutrauen, sich nicht so leicht unterkriegen lassen.

Selbstachtung kann ein Kind nur erwerben, wenn es selbst Achtung von anderen erfährt. Wer von klein auf erlebt, dass man ihm etwas zutraut, dass seine Meinung gehört und wichtig genommen wird, der lernt, eigenständig nachzudenken, seiner eigenen Meinung zu vertrauen, sie auch selbstbewusst zu vertreten.

Machen Sie doch mal folgenden Test:

Fragen Sie sich immer wieder, wenn Sie mit Ihrem Kind reden, und vor allem in Konfliktsituationen:

- Würde ich mit einem Freund, einer Kollegin, einer Bekannten genauso reden?
- Wie würde ich mich fühlen, wenn jemand mit mir so redete?
- Möchte ich, dass mein Kind mit mir so redet wie ich mit ihm?

Benjamin ist mit seinem Vater am Badestrand. Benjamin stürzt sich voller Überwindung in das ziemlich kalte Wasser. Vater steht noch zögernd am Rand. „Stell dich nicht so an, du bist ein ganz schöner Feigling", trötet Benjamin laut schallend. Vater funkelt nur. Später außer Hörweite von anderen pfeift er den Jungen heftig an: „Wie kannst du mir vor all den anderen so etwas an den Kopf werfen?" Aber jetzt wird auch Benjamin böse: „Das sagst du zu mir doch auch immer, auch wenn meine Freunde dabei sind!"

Nicht herablassend reden

Herablassend ist es auch, über Kinder in ihrer Anwesenheit zu reden. „Er ist halt ein Angsthäschen", sagen wir und tätscheln unserem Jüngsten dabei wohlwollend den Kopf. Wie würden Sie sich fühlen, wenn jemand so mit Ihnen umginge?

Wie würden Sie reagieren, wenn Ihr Partner / Ihre Partnerin Ihr Zeugnis von der letzten Fortbildung herumreichen würde?

Selbst wenn wir ein Kind bei solchen Gelegenheiten lobend herausstreichen – sein gutes Zeugnis herumreichen, den lobenden Kommentar der Lehrerin zitieren – viele Kinder verbitten sich das energisch. Und sie haben Recht damit.

Widerspruch darf sein

Die 13-jährige Sandra gerät mit ihrem Vater in einen heftigen Streit. Es geht um Eigenwilligkeit und Bevormundung. Es wird mit harten Wor-

ten gestritten, eine Einigung gibt es nicht. Den Vater hat Sandras Verhalten sehr gekränkt. Er ist Sandras Stiefvater, bemüht sich aber ganz besonders, ihr ein guter Vater zu sein. Die Mutter möchte, dass Sandra sich entschuldigt. Sandra weiß das. Sie lenkt auch so weit ein, dass das Zusammenleben nicht länger belastet ist. „Aber entschuldigen werde ich mich nicht!", erklärt sie kategorisch und bleibt dabei.

Die Eltern dürfen das auch nicht von ihr verlangen. Sandra muss sich nach ihren eigenen Überzeugungen richten. Und wenn sie weiter überzeugt ist, im Recht zu sein, kann sie sich nicht entschuldigen.

Wer sagt eigentlich, dass bei Meinungsverschiedenheiten immer die Eltern im Recht sind?

Wenn wir sagen, ein Kind sei eigensinnig, eigenwillig, es habe seinen eigenen Kopf, dann meinen wir das eher negativ. Als wäre unser Wille, unser Sinn, unser Kopf das einzig Wahre und das Maß aller Dinge und es stünde dem Kind gut an, sich nach unseren Gedanken und Maßstäben zu richten.

Wie oft nehmen wir uns das Recht, einem Kind zu sagen, was es falsch macht. Aber wir hören es nicht gern, wenn uns ein Kind sagt, was wir falsch machen. Dabei haben Kinder oft einen recht scharfen und unverstellten Blick.

Frau Sauter ist mit ihrem Mann in einen heftigen Streit geraten. Was er sagt, kränkt sie, regt sie gewaltig auf. In immer höherer Tonlage, in sich überschlagenden Sätzen schreit sie ihm ihre Wut ins Gesicht. Da hört sie hinter sich ihre zwölfjährige Tochter, die der Streit ins Zimmer gelockt hat: „Sei doch nicht so hysterisch, das kann man doch auch vernünftig sagen!" Sie möchte herumfahren und die naseweise Göre zurechtweisen. Aber der Satz kommt ihr so verteufelt bekannt vor!

Selbst wenn wir mit der Sicht des Kindes nicht einverstanden sind, können wir ihm die Achtung erweisen, seine Gedanken gleichberechtigt neben unsere zu stellen und beide sachlich zu prüfen. Nur so kann das Kind lernen, eigene Maßstäbe zu entwickeln, sich eigene Gedanken zuzutrauen und sie selbstbewusst zu vertreten.

Verständnisvoll leiten

Kinder entwickeln ihre Verhaltensweisen nicht über das, was die Eltern ihnen sagen, sondern orientieren sich an dem, was man ihnen vorlebt. Darum kommt es darauf an, im Umgang mit dem Kind „echt" und ehrlich zu sein und immer wieder das eigene Handeln zu überdenken.

Leiten ohne zu zwingen

Kinder sollen es einmal besser haben – doch was bedeutet das?

Eltern haben meist feste Vorstellungen davon, wie ihr Kind einmal sein soll, wenn es erwachsen geworden ist. Es soll Rücksicht auf andere nehmen, freundlich und höflich sein, viel gelernt haben und beruflich erfolgreich sein. Keiner zweifelt daran, dass das wünschenswert ist. Wie aber erreicht man das am besten?

Josefas Mutter weiß, wie wichtig heute ein guter Schulabschluss ist. Josefa soll es einmal besser haben als ihre Mutter, die keine höhere Schule besuchen konnte. Deshalb übt die Mutter jeden Nachmittag mit dem Kind – das, was die Schule erwartet und noch einiges zusätzlich.

In den ersten Jahren lernt Josefa auch eifrig und bekommt gute Noten. Aber im Gymnasium kann die Mutter immer weniger helfen.

Josefa ist nicht daran gewöhnt, selbstständig zu arbeiten. Außerdem genießt sie es, dass die Mutter jetzt nicht mehr alles kontrollieren kann. Es gibt so viel anderes, Interessanteres als Lernen und Hausaufgaben. Die Leistungen sacken ab. Nach der neunten Klasse bleibt Josefa sitzen, nach der zehnten muss sie das Gymnasium verlassen. Die Mutter ist sehr traurig. Sie meint, Josefa hätte das schaffen können, wenn sie nur fleißiger gewesen wäre.

Da hat die Mutter sicher Recht. Fast jedes Kind, das aus eigenem Antrieb und Interesse regelmäßig lernt, kann das schaffen. Aber Josefa hat diese eigene Motivation kaum entwickelt. Es war die Mutter, die sie vorwärts schob, solange sie das konnte. Und danach war es eine Erleichterung für das Mädchen, diesen ständigen Druck endlich los zu sein. Sie wollte endlich selbst bestimmen, wofür sie sich interessierte. Das war ihr wichtiger, als in der Schule weiter gut mitzukommen.

Eigenmotivation und Spaß an der Sache fördern

Wozu man gezwungen wird, das tut man selten gern, das meidet man, sobald der Druck nachlässt.

Wenn Eltern etwas dafür tun wollen, dass ihr Kind gut und gern lernt, ist es wichtiger, seine Freude am Lernen zu fördern, statt es zum Üben zu zwingen.

Nur wenn man etwas als eigenes Ziel übernommen hat, ein eigenes Interesse, eigenen Spaß an einer Sache gefunden hat, betreibt man sie aus eigenem Antrieb weiter, auch wenn keiner dahinter steht und Druck macht. So ist das mit vielen Dingen, mit dem Einhalten von Regeln, mit moralischen Prinzipien, mit dem Üben von allerlei Fertigkeiten, so ist es auch beim Lernen für die Schule.

Spaß haben mit interessanten Büchern, neugierig sein auf allerlei Wissenswertes, auch wenn das im Unterricht im Moment gar nicht dran ist, selbstständig etwas erforschen, das trägt länger als gute Noten in der Grundschule durch erzwungenes Pauken.

Vormachen, nicht predigen

Solange Kinder sehr klein sind, halten sie das, was sie die Eltern tun sehen, für das einzig Mögliche und Richtige, und versuchen, sich daran zu halten.

Für das, was „man" tut oder nicht tun darf, orientieren Kinder sich zunächst einmal an ihren Eltern.

Wenn Kinder größer werden, erleben sie, dass unterschiedliche Menschen die Dinge auch unterschiedlich handhaben, dass man also vieles so und auch anders sehen kann. Dann fangen sie an zu argumentieren: „Gestern hast du aber gesagt …" oder „Bei Oma darf ich aber …"

Und Eltern reden, predigen, versuchen zu überzeugen. Doch viel wichtiger als das, was Eltern predigen, ist das, was sie den Kindern vormachen.

Nico möchte unbedingt gleich nach dem Mittagessen zu seinem Freund, der hat ein neues Meerschweinchen. „Und was ist mit den Hausaufgaben?", fragt die Mutter. „Hab keine auf", sagt Nico – ganz wohl ist ihm dabei nicht. Als er abends nach Hause kommt, hat er das mit den Hausaufgaben wirklich ganz vergessen.

Am nächsten Tag hat er einen Eintrag im Mitteilungsheft: „Nico hat seine Hausaufgaben nicht gemacht." Die Mutter stellt Nico zur Rede, weil er sie angelogen hat. Redet von Vertrauen, von Anstand und Moral. Einige Zeit später klingelt das Telefon. „Hallo Schwiegermama", hört sie ihren Mann sagen und zischelt schnell dazwischen: „Sag, ich bin nicht da!" Denn sie weiß, wenn sie jetzt mit ihrer Mutter redet, ist *eine halbe Stunde weg und sie kann die Talkshow vergessen.*

Was wird Nico daraus schließen? Wenn einem die Wahrheit zu sehr gegen den Strich geht, ist eine Notlüge erlaubt. Es gibt keinen Unterschied zwischen seiner Lust auf das Meerschweinchen und Mutters Lust auf die Talkshow. Da kann sie lange von Moral reden.

Kinder müssen erleben, wie angenehm es ist, wenn sie sich auf die Worte der Erwachsenen verlassen können. Dann fällt es auch ihnen leichter, wahrhaftig zu sein.

Höflichkeit vorleben

Wie man in den Wald hineinruft ...

Zwei Frauen unterhalten sich über die Kinder der Nachbarschaft. Die eine hat festgestellt, dass bestimmte Kinder selten den Mund aufkriegen, wenn sie ihr begegnen. „Komisch", meint die andere, „mich grüßen die immer." Und auf den fragenden Blick der Nachbarin setzt sie erklärend hinzu: „Ich grüße sie einfach freundlich zuerst, ich habe noch nie erlebt, dass eines nicht genauso antwortet."

Erwachsene beschweren sich oft darüber, dass Kinder nicht höflich sind – dass sie nicht anständig grüßen, dass sie bei Unterhaltungen ständig dazwischenreden.

Aber sind wir eigentlich immer höflich zu Kindern?

Wenn uns ein Erwachsener im Weg steht, sagen wir wahrscheinlich: „Darf ich bitte mal durch?", steht da ein Kind, sagen wir eher: „Geh mal weg da!" Stoßen wir mit einem Erwachsenen zusammen, entschuldigen wir uns, zu einem Kind sagen wir: „Pass doch auf!"

Bitten statt anordnen

Auch Höflichkeit nehmen Kinder leichter an, wenn sie selbst höflich behandelt werden.

Der einjährige Felix hat bei Oma in der Kramkiste ein neues Spielzeug entdeckt – eine kleine Papiertröte – ein Überbleibsel von Silvester. Er lernt schnell, so in das Ding hineinzublasen, dass es sich lang ausrollt und einen schnarrenden Ton von sich gibt.

Seine dreijährige Schwester möchte auch mal. Oma hilft ihr zu bitten – „Bitte Felix, lass Lena auch mal pusten." Aber Felix sagt „nee" und wehrt Lenas Versuche ab, nach dem Ding zu greifen. Die Bemühungen dauern noch eine Weile, bis der unüberwindliche Reiz des Spiels für Felix etwas nachgelassen hat. Dann gibt er die Tröte freiwillig an Lena ab und beide sind zufrieden.

Die Oma hatte „bitte" gesagt, und eine Bitte muss man auch ablehnen dürfen, sonst ist es eben keine.

Was hätte das für ein Theater gegeben, wenn Lena das Ding einfach an sich gerissen oder Oma angeordnet hätte, dass jeder mal dran ist.

Anordnungen reizen zum Widerstand, denn sie beruhen auf Macht. Bitten lassen Raum für Freiwilligkeit. Sie appellieren allerdings an die Freundlichkeit, an das soziale Gefühl und sind deshalb nicht so leicht abzulehnen. Deshalb gilt das Wort „bitte" als Türöffner.

Im Umgang mit Erwachsenen ist das „Bitte" meistens selbstverständlich. „Darf ich bitte mal durch?", „Kann ich bitte mal den Teller haben?" Wir gehen davon aus, dass der Bitte entsprochen wird, trotzdem sagen wir es so. Wir erwarten auch, dass unsere Kinder lernen, sich sozial und rücksichtsvoll zu benehmen. Aber das fällt auch ihnen leichter, wenn wir bitten statt zu fordern. Und wenn wir ihnen Zeit lassen, bis sie freiwillig der Bitte entsprechen – oder manchmal eben auch nicht.

„Bitte" darf nicht zur Floskel werden

Alexander ist mit seinem Vater auf dem Spielplatz. Der Vater ist ein höflicher Mensch, und das soll auch Alexander werden. Deshalb sagt der Vater immer „bitte", wenn er mit dem Jungen spricht. „Alexander, bleib bitte hier, lauf nicht so weit weg." „Bitte, Alexander, nicht auf die Rutsche!" Der Ton wird dabei langsam schärfer. Und als Alexander einem anderen Kind eine Schippe voll Sand über den Kopf rieseln lässt, kommt vom Vater ein messerscharfes, sehr entschiedenes „Alexander, b i t t e !!!"

Manches, was als Bitte daherkommt, ist gar keine.

Was soll Alexander dieser Aussage entnehmen? Der Form nach ist das eine Bitte, dem Ton und der mitschwingenden Gereiztheit nach ist es eine Forderung und eine herbe Kritik.

Kleine Kinder können mit solchen doppelbödigen Mitteilungen, bei denen die Worte nicht zum Klang der Stimme, zur Mimik, zum sonstigen Verhalten passen, nur schwer umgehen. Sie werden verwirrt und unsicher. Oder sie schotten sich ab, hören einfach nicht mehr hin. Deshalb sollten wir das, was wir meinen, auch so sagen. Der Vater kann Alexander bitten, nicht so weit wegzulaufen, damit er nicht so oft hinter ihm herlaufen muss. Soll das aber eine klare Grenze sein, dann muss er es anders sagen: „Alexander, wenn du nicht auf dem Spielplatz bleibst, gehe ich mit dir nach Hause!"

Mitarbeit gewinnen statt vorschreiben

Was man darf, macht man gern, was man muss, weniger.

Kleine Kinder fühlen sich gern als wichtiges Mitglied der Gemeinschaft. Sie wollen alles mitmachen, was sie die Eltern tun sehen – Spülmaschine ausräumen, Tisch decken, Fußboden wischen. Aber das meistens nur in einem Alter, in dem es eher mühsam oder verlustreich ist, diese „Hilfe" anzunehmen. Sobald sie es wirklich können und eine echte Entlastung sein könnten, haben sie keine Lust mehr. Warum?

Die elfjährige Tamara bastelt mit ihrer Freundin. Sie hantieren mit Perlen, Kleistertöpfchen und Farben. Die Mutter kommt ins Zimmer. „Tamara, ich muss schnell mal weg – hier, pass auf Sascha auf." Tamara ist sauer. Der wilde Kletterer zwischen Perlen und Leimtöpfen – da können sie das Basteln vergessen. Zornig reißt sie den Kleinen jedes Mal zurück, wenn er sich all den interessanten Sachen nähern will. Als die Mutter wiederkommt, hockt Sascha brüllend in einem Käfig aus Sofa und Sesseln, in den ihn die Mädchen gesperrt haben.

Gehen wir davon aus, dass die Mutter wirklich auf Tamara angewiesen ist. Trotzdem geht es auch anders:

Die Mutter kommt ins Zimmer zu den bastelnden Mädchen: „Tamara, ich brauche deine Hilfe. Ich muss kurz mit dem Auto zum Einkaufen und kann Sascha nicht mitnehmen, weil der Kindersitz nicht da ist.

Wie können wir das machen?" Darauf Tamara: „Aber Mutti, Sascha hier zwischen den Farben und Perlen – und wir wollen doch in zwei Stunden fertig sein!"

Die Mutter äußert Verständnis, bittet aber trotzdem um Hilfe. Alle überlegen. Dann bieten die Mädchen an: Eine bastelt weiter, die andere beschäftigt sich mit Sascha und zwischendurch wechseln sie sich ab. So wird es schon gehen. Die Mutter verspricht, sich sehr zu beeilen und notfalls am Ende zu helfen, wenn etwas nicht fertig wird. Alle sind zufrieden, niemand ist wütend.

Die Mutter hat ihre Notlage klargemacht, ohne anzuordnen. Sie hat Verständnis dafür gezeigt, dass es den Mädchen Mühe macht, ihr zu helfen. Dass sie so höflich angesprochen werden, mindert den Widerstand der Mädchen, macht sie einsichtiger und geneigter zu helfen.

Keine Bestechung

Die Mutter von Andrea und Achim setzt auf Belohnung, um ihre Kinder dazu zu bewegen, ihre Aufgaben im Haushalt zu erfüllen. Blumen gießen, Tisch decken, Küche ausfegen – für alles hat sie Preise festgesetzt. Wenn die Kinder fleißig sind, können sie ihr Taschengeld damit glatt verdoppeln. Und jeden Abend wird abgerechnet.

Das klappt zunächst auch erfreulich gut. Mit der Zeit aber stört es die Mutter gewaltig, dass Achim und Andrea bei jeder Kleinigkeit, um die sie sie bittet, als Erstes fragen: „Was kriege ich dafür?"

„Das ist hier doch eine Familie", schimpft die Mutter, „und keine Job-Vermittlung."

Doch durch die Bezahlung müssen die Kinder den Eindruck haben, es sei eine besondere Leistung, wenn sie Aufgaben im Haushalt übernehmen. Und es sei normal, dass sie dafür einen Gegenwert erwarten dürfen.

Dabei sollte es selbstverständlich sein, dass Menschen, die zusammen in einer Gemeinschaft leben wollen, sich auch die Aufgaben, die dabei anfallen, ihren Kräften und Möglichkeiten entsprechend aufteilen. Schließlich kommt auch keiner auf die Idee, für Wäschewaschen und Bettenbeziehen an Mutter oder Vater zu bezahlen.

Gemeinsame Zuständigkeit für Haushaltspflichten

Wenn Vater und Mutter sich die Haushaltsaufgaben teilen, wird es leichter, auch die Kinder zur Übernahme von Pflichten zu bewegen. Voraussetzung ist allerdings, dass die Eltern diese Selbstverständlichkeit der gemeinsamen Zuständigkeit auch vorleben. Aber wenn sie nach der unausgesprochenen Maxime leben, Haushalt ist Mutters Sache, und alles andere ist großmütige Hilfe, liegt es näher, für solche Hilfe auch eine Belohnung zu erwarten.

Ausnahme „Sonderleistungen"

Es ist doch einfach ein schönes Gefühl, einem anderen einen Gefallen zu tun.

Anders sieht es aus, wenn Kinder wirklich einem Einzelnen etwas abnehmen – wenn die Tochter Vaters Fahrrad repariert, Mutters abgestürzte Computerdatei saniert oder vergessene Unterlagen aus dem Büro abholt. Für solche Gefälligkeiten kann man schon mal was springen lassen, wenn das Kind gerade in Geldnot ist.

Für alle angenehmer ist es allerdings, wenn auch dies ohne materiellen Anreiz auf Gegenseitigkeit funktioniert.

Geld für gute Noten?

Belohnung ist der Lust am Lernen hinderlich.

Ein Kind, das für jede Eins zwei Euro bekommt, lernt nicht aus Spaß am Lernen, freut sich nicht, weil es eine schwierige Aufgabe gut lösen kann; es freut sich vor allem, weil es Geld dafür bekommt. Lernen muss ja wohl etwas Lästiges sein, wenn man es extra versüßen muss.

Ich kann mich mit einem Kind freuen, wenn es Schwierigkeiten in der Schule überwindet, wenn es vorwärts kommt. Ich kann als Ausdruck dieser Freude eine Runde Eis spendieren. Aber diese ständige Abrechnung Noten gegen Bares führt in die falsche Richtung.

Und dann stellt sich noch die Frage: Was ist eher lobenswert – die Mühe, die sich einer macht, oder die Zensur, die er erhält?

Denn gerade wenn Geschwister da sind, ist die Bezahlerei noch dazu eine Quelle der Ungerechtigkeit und der Eifersucht. Ist die Zwei des einen wirklich genauso viel wert wie die des anderen? Kann ich aber für die gleiche Zensur dem einen mehr geben als dem anderen?

Anerkennende Worte, Bekundungen von Freude kann ich viel individueller gestalten.

Keine geheimen Miterzieher

Meinerts haben beim Möbelkauf noch nicht den erfahrenen Elternblick gehabt. Die Unterschränke im Wohnzimmer haben keine Verschlüsse, nicht einmal Knöpfe oder Bügel, über die man sie zubinden könnte. Damit ihr kleiner Paul, der sich brennend für Schranktüren interessiert, die guten Tassen, die Familienfotos, Kerzen, Blumenvasen trotzdem in Ruhe lässt, greift Frau Meinert zu einem Trick. Jedes Mal, wenn Paulchen sich dem Schrank nähert, sagt sie mit der Mimik des Erschreckens: „Au wei, die Maus kommt raus!" Sie erreicht, dass ihr eher ängstliches Paulchen die Schranktüren nicht mehr anfasst.

Ich hoffe, dass Paulchen eines Tages couragiert genug ist, die Sache mit der Maus nachzuprüfen. Und dann sehe ich schwarz für Tassen und Familienfotos.

Angstmachen ist kein Erziehungsmittel

Ein kleines Kind, das sich bei dem, was seine Neugier erregt und bei allem, was es unternehmen möchte, immer erst fragen muss, ob das vielleicht böse Folgen haben kann, ist in seiner Unternehmungslust, seiner Kreativität ernsthaft behindert.

Es ist unpädagogisch, ein Kind durch Angstmachen zu leiten, denn Angst macht dumm.

Es ist aber auch unfair, die Unerfahrenheit und Leichtgläubigkeit eines Kindes auszunutzen, um ihm solche Märchen zu erzählen. Wenn es eines Tages dahinter kommt, wird es den Eltern nicht mehr so ohne Weiteres glauben. Und das wäre doch schade.

Die Sache mit dem Weihnachtsmann

Was für Paulchens Eltern die Maus, ist für viele andere der Weihnachtsmann.

Die dreijährige Maria wünscht sich zu Weihnachten eine Puppe – die schöne mit den braunen Locken, die sie im Laden gesehen hat. Die Wochen vor Weihnachten wird sie ständig daran erinnert. Isst sie ihren Teller nicht leer, heißt es: „Oh je, wenn das der Weihnachtsmann sieht, wird er wohl die Puppe nicht bringen." Hüpft sie abends noch fünfmal aus dem Bett, hört sie: „Du, ich habe eben vor dem Fenster den Weih-

*nachtsmann gesehen. Denk an die Puppe!" Und Maria denkt dran, denn
sie möchte die Puppe so gern haben!*

Finden Sie nicht auch, dass das gemein ist?

Haben die Eltern so wenig Zutrauen zu ihren eigenen pädagogischen Fähigkeiten, dass sie sich solcher geheimen Miterzieher bedienen müssen?

Ich habe nichts gegen den Weihnachtsmann als Fantasiegestalt, nichts gegen den Weihnachtsmann als Geschenkebringer, der ein bisschen beklemmend aussieht, aber komischerweise Muttis Stimme hat. Aber ich habe etwas gegen den Weihnachtsmann, der Angst macht und durchsetzen soll, was die Eltern allein nicht schaffen.

„Der liebe Gott weiß alles"

Auch Gott wird manchmal in dieser Weise eingesetzt.

„Der liebe Gott sieht alles" – ich kenne Beispiele, wo dieser Gedanke, der doch eigentlich trösten soll, in pädagogisch missbrauchter Absicht ein ganzes Kinderleben verdunkelt hat. Keine Ecke, wo man mal unbeobachtet ungezogen sein darf, kein heimlicher Gedanke, der nicht registriert und gewogen würde? Totale Kontrolle – ein schrecklicher Gedanke!

Wenn Sie es ernst meinen mit der religiösen Erziehung, sollten Sie Ihrem Kind eine solche Vorstellung von Gott nicht antun. Und wenn Sie es nicht ernst meinen, dürfen Sie ihn erst recht nicht als Miterzieher heranziehen.

Nicht ständig reden, handeln!

Die meisten Mütter reden zu viel. Unentwegt begleiten sie die Unternehmungen ihrer Kinder mit Ermahnungen, Warnungen, Belehrungen. „Tina, bleib hier, Tina nicht da anfassen, das ist doch ganz schmutzig, sieh mal deine Hände, du fällst ..."

Mütter erwarten oft gar nicht, dass ihre Kinder auf sie hören, sie tun nur ihre Pflicht. Sonst könnte jemand denken, sie kümmerten sich nicht genug. Der dänische Familientherapeut Jesper Juul nennt das den „automatischen Elternanrufbeantworter", der „automatisch loslegt und erziehende, richtungsweisende und hilfreiche Kommentare sendet, sobald ein Kind in Hörweite kommt". Doch Kinder können sich dieser akustischen Dauerberieselung nur entziehen, indem sie auf Durchzug schalten. Kinder gewöhnen sich daran, auf diese Begleitmusik nicht weiter zu reagieren. Wenn Sie das verhindern wollen, fragen Sie sich vor jeder Mahnung, jedem Kommentar, der Ihnen gerade auf die Zunge kommt: Ist das jetzt wirklich wichtig oder soll ich nicht lieber den Mund halten?

Der zweijährige Michael fährt mit Begeisterung S-Bahn. Er will aus dem Fenster gucken, mit den Leuten schäkern, Babys im Kinderwagen streicheln. In seiner Begeisterung turnt er ständig rauf auf die Sitze und wieder herunter. Die Mutter kann ihn verstehen, aber sie fühlt sich verpflichtet, ihn ständig zu ermahnen. „Micha, nicht mit den Schuhen auf den Sitz", „Micha, komm runter da", „Micha, lass das!"

Michael stört das wenig, aber für die Mutter ist es eine Tortur. Sie glaubt ständig, die tadelnden Blicke zu spüren, weil ihr Kind so hibbelig ist.

Michaels Mutter täte gut daran, sich auf das Dringendste zu beschränken und das wirksam handelnd durchzusetzen.

Das Dringendste wären hier wahrscheinlich die Schuhe auf dem Sitz, denn das stört wirklich viele Leute. Die Mutter könnte ein Tuch oder eine Zeitung hinlegen und Michael sagen, er dürfe nur darauf stehen, sonst müsste sie ihn auf dem Schoß halten. Da Michael grundsätzlich seinen Wunsch, aus dem Fenster zu gucken, beachtet sieht, wird ihm das nicht allzu schwer fallen.

Dass Michael gern andere Leute anfasst oder mit ihnen schäkert, zeigt, dass er ein kontaktfreudiges Kind ist. Schade, das zu bremsen. Wenn wirklich jemand nicht angefasst oder angesprochen werden mag, kann er das doch selbst sagen. So wird Michael schnell lernen, umgängliche Menschen von muffligen zu unterscheiden und die muffligen zu meiden.

Und wenn ein fremder Mensch unser Kind mal anfaucht, weil es ihm wirklich zu nahe getreten ist, müssen wir es nicht gleich unkritisch in Schutz nehmen. Eine solche Erfahrung ist wirkungsvoller als unser ganzes Gerede.

Wenn kleine Kinder etwas faszinierend finden, lassen sie sich durch Mahnen und Meckern selten davon abbringen. In wirklich dringenden Fällen hilft nur konsequentes Handeln.

Frau F. macht Heimarbeit am Computer. Die 18 Monate alte Dana darf um sie herumwuseln. Nur zwei Dinge darf sie nicht: an den Kabeln zerren und auf die Tasten hauen. Das hat die Mutter ihr erklärt. Aber Dana macht beides ausgesprochen gern. Jedes Mal, wenn sie sich dazu hinreißen lässt, hebt die Mutter sie mit einem „Nein, Dana, das darfst du nicht" hoch und setzt sie vor die Tür, in die sie ein Gitter geklemmt hat. Jede weitere Erklärung ist unnötig, denn Dana hat längst begriffen, worum es geht.

Von dem Gebrüll, das Dana daraufhin anstimmt, lässt sich die Mutter nicht beeindrucken. Sie handelt freundlich, aber entschieden. Nach wenigen Minuten hebt die Mutter sie wieder herein.

Dana lernt recht schnell, dass es angenehmer ist, ohne Kabelzerren und Tastenhauen in Mutters Nähe zu sein als schimpfend hinter dem Gitter. Doch ganz wohl ist Danas Mutter dabei nicht. Sie schränkt die Unternehmungslust ihrer Tochter nur ungern ein. Was Dana nicht anfassen soll, bringt sie sonst lieber außer Reichweite. Aber bei den Kabeln und Tasten ist ihr das bisher nicht gelungen. Als Ausgleich gibt es für Dana Regalfächer zum Ausräumen, alte Zeitschriften zum Zerreißen und noch allerlei andere interessante Kurzweil.

Sich auf das Wesentliche beschränken

„Räum deine Schuhe weg." – „Sammle dein Spielzeug ein." – „Denk an das Buntpapier für die Schule."

Mütter reden sich Tag für Tag den Mund fusselig und viele Kinder hören schon gar nicht mehr hin. Denn hinterher räumt Mutti ja doch die Schuhe weg, schmeißt wütend den Spielkram in die Kiste, hilft morgens schnell, das vergessene Buntpapier zu suchen. Die Mütter kostet das viel Nerven, die Kinder werden „muttertaub". Rudolf Dreikurs fasst seinen Rat für solche Fälle in einem Satz zusammen: „Zur Zeit des Konflikts halte deinen Mund und handle."

Mina macht ihre Schularbeiten immer am großen Tisch in der Küche – da ist es schön hell und Platz ist auch genug. Aber wenn sie fertig ist, „vergisst" sie oft, ihren Kram wieder zusammenzuräumen. Wenn die Mutter das Abendbrot hinstellen möchte, räumt sie das Zeug zähneknirschend weg.

Aber eines Tages hat sie genug davon. Als Mina hungrig vom Spielen kommt, guckt sie verdutzt auf den noch immer mit ihren Schulsachen bedeckten Tisch.

„Was, kein Abendbrot?" Mutter sitzt im Wohnzimmer und liest. „Ich kann kein Abendbrot hinstellen, da liegt noch immer dein Schulzeug."

„Phfff", macht Mina und verschwindet in ihrem Zimmer. Mehrmals noch umkreist sie die Mutter erwartungsvoll. Die sagt immer nur das Gleiche. Mina hat aber keine Lust zum Aufräumen. Kurz vor dem Schlafengehen geht sie an den Kühlschrank und schmiert sich ein Butterbrot.

Als die Mutter am nächsten Tag das Abendbrot hinstellen will, ist der Tisch abgeräumt.

Minas Mutter hat es aufgegeben, zu mahnen und zu meckern. Das regte sie nur auf und brachte überhaupt nichts.

Mina schaltete auf Durchzug. Warum sollte sie auch reagieren, solange die Mutter hinterher doch abräumte?

Jetzt ist das anders. Die Mutter handelt, ohne sich groß aufzuregen. Ein bisschen Sturheit muss man allerdings oft aufbringen, damit die Kinder sehen, dass man es ernst meint.

Die Ziele des Kindes verstehen

Kinder verfolgen mit ihrem Verhalten ein bestimmtes Ziel und tun das, was erfahrungsgemäß zu diesem Ziel führt. Was wir impulsiv daraufhin tun, ist sozusagen in ihrer Strategie eingeplant.

Der vierjährige Justus spielt im Kinderzimmer mit seiner dreijährigen Schwester Sarah. Einige Minuten ist Ruhe, Vater kann ungestört Küche und Bad wischen.

Kinder richten ihr Verhalten unbewusst nach den Erfahrungen, die sie mit den elterlichen Reaktionen gemacht haben.

Sarah werkelt mit Steckbausteinen. Justus geht auf sie zu und reißt ihr den Stein, den sie gerade benutzen will, aus der Hand. Sarah nimmt einen anderen. Justus tritt gegen das Gebilde, das Sarah schon gebaut hat. Sarah rückt knurrend ein Stück weg. Beim nächsten Tritt geht das Gebilde kaputt. Sarah brüllt. Justus guckt erwartungsvoll zur Tür.

Der Vater wirft den Lappen hin und eilt ins Kinderzimmer. Er bemüht sich, den Streit zu verstehen und macht Vorschläge für eine Schlichtung. „Guck mal, Justus, du kannst doch hier spielen und Sarah weiter drüben. Da kommt ihr euch gar nicht in die Quere." Dann hilft er Sarah noch, das Zerstörte wieder zusammenzubasteln, mahnt beide, lieb zu sein und sich zu vertragen. Dann geht er wieder an seine Arbeit.

Der Vater kann ziemlich sicher sein, dass Ähnliches nach einiger Zeit wieder passiert, nämlich dann, wenn Justus findet, es sei mal wieder an der Zeit, dass Vati sich um sie kümmert. Sarah wird immer leichter und bereitwilliger zu brüllen anfangen, sobald Justus sie ärgert. Da der Effekt auch für Sarah recht angenehm ist, werden die beiden womöglich bald ein eingespieltes Team sein.

Wenn der Vater merkt, in welche Falle er da tappt, und daran etwas ändern möchte, muss er sein Verhalten, das den Erwartungen der Kinder entspricht, verändern. Es ist zunächst nicht einmal so wichtig, was er tut, nur anders als üblich muss es sein. Denn dann bringt er die ganze Regie durcheinander und es gibt Raum für Veränderungen. Mehr zu diesem Thema finden Sie auf Seite 86.

Berechtigte Ziele, unerwünschte Methoden

Wir können den Zweck eines Verhaltens manchmal dadurch verstehen, dass wir uns klarmachen, welche Folgen es für das Kind hat.

Viele Kinder machen Dummheiten, um Aufmerksamkeit zu erregen, um Zuwendung zu erreichen. Selbst wenn diese Zuwendung aus Schimpfen und Strafen besteht, handeln sie nach dem Motto: Lieber unangenehm auffallen als gar nicht.

Max hat ein Schwesterchen bekommen. Bis jetzt war er das Küken der Familie, denn er hat noch einen älteren Bruder.

Seit das Baby da ist, ist Max oft unausstehlich. Sobald er unbeobach-
tet ist, macht er irgendwelchen gefährlichen Unsinn. Unbeobachtet ist
er vor allem, wenn Papa das Baby badet oder Mama es stillt.

Max hat offenbar Angst, in der Mitte zwischen den Geschwistern
vergessen zu werden. Er hat nicht die Sonderstellung des Ältesten,
der vieles schon kann und darf, weil er der Große ist. Er hat auch
nicht die Vorteile des Kleinen, das jetzt so viel Zuwendung der Eltern
in Anspruch nimmt.

Wenn die Eltern Max für sein Verhalten bestrafen, festigen sie es
noch auf zweierlei Weise. Erstens glaubt er, wenn sie böse mit ihm
sind, dass sie ihn wirklich weniger lieb haben als die beiden anderen, dass er also seine Bemühungen verstärken muss, um nicht ganz
aus der Familie herauszufallen. Aber zweitens müssen sie ihm, wenn
er Dummheiten macht, notgedrungen ihre Aufmerksamkeit zuwen-
den und das ist ihm allemal lieber als übersehen zu werden. So kann
ein Teufelskreis in Gang kommen, in dem Max immer unausstehli-
cher und die Eltern gegen dieses Kind immer ablehnender werden,
obwohl Max doch eigentlich das Gegenteil erreichen wollte.

Das Kind sucht Zuwendung

Das Ziel des Kindes ist also berechtigt. Nur die Methoden, mit denen
es das zu erreichen versucht, bedürfen im Interesse aller einer Kor-
rektur. Wenn Kinder versuchen, die notwendige Aufmerksamkeit zu
erreichen mit Methoden, die das Zusammenleben belasten, müssen
wir diese beiden Dinge klar auseinander halten. Das Kind braucht
unsere Zuwendung, es möchte von uns als Person wahrgenommen
und beachtet werden. Deshalb müssen wir dem Kind besondere Aufmerksamkeit zukommen lassen, aber nicht für sein störendes Verhalten; das sollte möglichst wenig beachtet werden.

Etwas Unerwartetes tun

Manchmal werden Sie in einer Konfliktsituation überhaupt nicht
begreifen, warum Ihr Kind sich gerade so benimmt. Sie durchschauen

einfach nicht, welches Spiel hier gerade gespielt wird. Aber Sie würden jetzt am liebsten ... Tun Sie es nicht! Was Sie impulsiv und ohne groß nachzudenken gerade tun wollen, ist genau das, was das Kind unbewusst mit seinem Verhalten bezweckt, was es in seinen Regieplan eingebaut hat.

Tun Sie dafür etwas anderes, etwas Unerwartetes. Ob das pädagogisch gut durchdacht ist, ist für den Moment gar nicht so wichtig – nur anders muss es sein. Nachdenken und korrigieren können Sie dann immer noch, Hauptsache, das unerfreuliche Spiel ist erst mal unterbrochen.

Axels Mutter hält viel auf gute Tischsitten. Es stört sie sehr, wenn Axel zum Beispiel die Suppe laut schlürft. Aber sie hat den Eindruck, je häufiger sie den Jungen deswegen ermahnt, desto hingebungsvoller schlürft er.

Eines Tages hat sie das ständige Mahnen und den zweifelhaften Erfolg satt. Als Axel schlürft, schlürft sie mit. Axel kann es nicht glauben und legt noch einen drauf. Die Mutter kann auch noch lauter. Sie steigern sich gegenseitig in einen Wettbewerb und müssen am Schluss unheimlich lachen.

Dieses Verhalten nimmt Axel den Wind aus den Segeln. Ob es auch der Mutter hilft, das Ganze nicht mehr so verbissen zu sehen?

Kommen wir noch einmal auf das Beispiel von Sarah und Justus zurück (siehe Seite 83 f.).

Sarah und Justus haben gelernt, den Vater mit sich zu beschäftigen, indem sie sich lautstark im Kinderzimmer zanken.

Der Vater durchschaut im Moment nicht, warum die beiden ständig aneinander geraten. Aber er hat es satt, immer wieder ins Kinderzimmer zu laufen. Als er das nächste Mal Sarahs schrilles Kreischen hört, wirft er nur einen kurzen, sichernden Blick hinein, sagt leichthin: „Vertragt euch wieder!", und geht zurück in die Küche.

Wenig später kommt Justus gelaufen, seinen Bagger unter dem Arm. Sarah folgt schimpfend auf dem Fuße. Vor Vaters Augen beginnen beide schreiend an dem Ding zu zerren. Der Vater holt tief Luft, entwindet

den Kindern den Bagger, stellt ihn auf den Küchenschrank und verkün-
det, so ruhig er kann: „Wenn ihr euch geeinigt habt, gebe ich ihn euch
wieder." So schnell geben die beiden ihre altbewährte Methode aber
nicht auf. Bald sind sie wieder mit einem Streitfall hinter ihm her.

Der Vater ist kurz vor dem Platzen. „Ich kann eure Streiterei nicht
mehr ertragen!", schimpft er, verschwindet im Wohnzimmer und rie-
gelt die Tür hinter sich zu. Da holt er erst mal tief Luft und guckt die
Post durch, um sich zu beruhigen.

Sarah und Justus rappeln an der Tür und zanken sich dabei munter
weiter. Aber langsam werden auch sie ruhiger. Schließlich verkünden
sie im Chor: „Papa, komm wieder raus, wir zanken uns nicht mehr."

Manchmal, wenn man es kaum noch aushält, nicht wieder das Übli-
che zu tun, ist es am sinnvollsten, sich erst mal aus der Situation
zurückzuziehen. So mancher unpädagogische Kurzschluss lässt sich
durch diesen einfachen Trick vermeiden.

Der Vater von Sarah und Justus riegelt sich vorübergehend im
Wohnzimmer ein. Wenn Ihr Wohnzimmer keinen Riegel hat, gehen
Sie ins Bad, schließen Sie die Tür hinter sich, atmen Sie erst mal
durch, sortieren Sie Ihre Gedanken und Gefühle. Wenn Sie ein bisschen länger durchhalten, werden Sie staunen, wie oft die Kinder
selbst eine Lösung finden, für die Sie sich bisher allein zuständig
gefühlt haben.

Auf Distanz gehen

Im vorigen Beispiel geht der Vater auf Distanz, indem er sich für eine
Weile im Wohnzimmer einschließt.

Eine Auszeit wirkt oft Wunder.

Er hätte ja auch die Kinder in ihr Zimmer einsperren oder zu Stubenarrest verdonnern können. Aber jemanden mit Gewalt in einem
Raum einzusperren, das ist Strafe. Und Strafe macht nicht einsichtig, sondern bockig (siehe Seite 106 f.). Ziehe ich mich dagegen selbst
aus der Situation zurück und nehme eine Auszeit, errichte ich einen
Schutzwall um mich, weil die Kinder nicht bereit sind, die Grenze,
die meine Belastbarkeit betrifft, zu achten.

Ich kann allerdings auch ein Kind für eine Weile aus der Gemeinschaft weisen, bis es sich besonnen hat.

Die dreijährige Anja hat am Mittagstisch einen Wutanfall bekommen, weil sie nicht den Teller mit den Blümchen haben sollte. Sie hat den unerwünschten Teller so heftig von sich gestoßen, dass das Essen über den Tisch flog, und trommelt jetzt mit den Fäusten auf den Tisch.

Ihr Vater hebt das schreiende, strampelnde Bündel auf und trägt es in sein Zimmer. „Wenn du wieder mit uns essen willst, kannst du wiederkommen", sagt er und setzt Anja auf den Boden.

Da trampelt sie noch eine Weile, dann schnieft sie, dann kommt sie zurück. Das Essen ist inzwischen abgeräumt, aber einen Nachtisch bekommt sie noch.

Die Situation ist hier eine andere als bei Sarah und Justus. Anja hat die Gemeinschaft empfindlich gestört, deshalb muss sie sie vorübergehend verlassen.

Viele Kinder verschwinden, wenn sie wütend werden, auch von sich aus in ihrem Zimmer, um erst mal Ruhe zu haben.

Entscheidend aber ist, dass Anjas Vater die Tür nicht verschließt, auch nicht droht. Sobald Anja sich wieder sozial verträglich benehmen will, ist sie wieder willkommen.

Auszeiten geben neue Kraft

Auch im übertragenen Sinne ist es für Eltern hilfreich und erholsam, zum alltäglichen Stress mit den Kindern hin und wieder auf Distanz zu gehen. Viele Väter haben diese Distanz durch ihren Beruf, erwerbstätige Mütter auch. Aber Paare brauchen auch mal Zeit für sich – mal was ohne Kinder unternehmen, mal nicht über Kinder reden, mal nicht verantwortlich sein.

Mütter, die nicht außer Haus berufstätig sind, haben solche Auszeiten oft besonders nötig. Von Ausflügen in andere Welten, in andere soziale Bezüge kommen sie mit neuer Energie und frischer Freude zu ihren Kindern zurück.

Sehen Sie zu, dass Sie sich solche erholsamen Inseln schaffen, damit Sie nicht im Alltagsstress ertrinken.

Vorsicht vor falschen Angewohnheiten

Kinder können oft gar nichts dafür, dass sie bestimmte Angewohnheiten angenommen haben, die den Eltern auf die Nerven fallen. Sie haben aus dem gelernt, was sie vorfanden.

Die zweijährige Stefanie schläft sehr unruhig. Mehrmals in der Nacht wacht sie auf, weint dann und lässt sich nur beruhigen, wenn Vater oder Mutter sie eine Weile herumtragen, bis sie wieder eingeschlafen ist. Auch abends schläft Stefanie am besten ein, wenn die Eltern sie auf dem Schoß halten und wiegen. Dann tragen sie das schlafende Kind in sein Bett.

Lassen Sie sich nicht auf Gewohnheiten ein, die Sie nicht durchhalten können oder wollen.

Hier ist die eine Angewohnheit Folge der ersten Gewohnheit. Stefanie hat gelernt, dass es „normal", also „richtig" ist, wenn sie beim Schlafen den wärmenden, wiegenden Körper von Vater oder Mutter um sich hat. Wacht sie in der Nacht auf, stellt sie fest, dass etwas nicht in Ordnung ist, denn sie liegt allein in ihrem Bett. Also ruft sie nach den Eltern, um den normalen Zustand wiederherzustellen.

Dieses allnächtliche Hin und Her bringt sehr viele Eltern um ihren Schlaf und belastet sie sehr.

Einschlafrituale

Es liegt nahe, ein schreiendes Baby im Arm zu wiegen, bis es einschläft. Aber ob es nicht nach wenigen Minuten auch allein einschlafen würde?

Versuchen Sie es. Gewöhnen Sie es möglichst daran, nach einem bestimmten Ritual ins Bett gelegt zu werden und allein, ohne Hilfestellungen, in den Schlaf zu finden. Weil es das dann eben auch in der Nacht normal findet, wenn es kurz aufwacht. Und jedes Kind wacht mehrmals in der Nacht kurz auf.

Manche Eltern entscheiden sich trotzdem dafür, das Kind regelmäßig in den Schlaf zu wiegen, damit es zufrieden einschläft. Dann ist es gut. Sie müssen nur wissen, worauf sie sich einlassen und abschätzen, ob sie das durchhalten können. Für das Kind ist es sicher kein Schaden.

Nichts anfangen, was man nicht durchhalten will

Überlegen Sie auch bei anderen Dingen, die Sie anfangen, ob Sie bereit sind, diese Angewohnheit lange und konsequent durchzuhalten – am Bett sitzen und Händchen halten bis zum Einschlafen, vielleicht gar sich ausziehen und danebenlegen. Wenn nicht, fangen Sie es gar nicht erst an. Dem Kind können Sie keinen Vorwurf machen, wenn es sich daran gewöhnt.

Regeln und Grenzen

Grenzen müssen sein. Ganz klar. Zu viele Grenzen engen ein und machen unselbstständig, vor allem, wenn sie den Kindern nicht einsichtig sind. Deshalb hilft es weiter, Regeln und Grenzen gemeinsam festzulegen und zu begründen.

Kinder brauchen feste Regeln

Dass Kinder feste Regeln brauchen, scheint eine der am wenigsten strittigen Überzeugungen der letzten Jahre zu sein.

Viele Eltern verstehen das ungefähr so: Eltern müssen Kindern so früh wie möglich klarmachen, wo es langgeht, was sie sollen, müssen, dürfen, nicht sollen, nicht dürfen. Eltern müssen Methoden finden, die Einhaltung dieser von ihnen verkündeten Regeln auch durchzusetzen.

Aber solche Regeln sind nicht gemeint. Denn Verbote wirken leicht wie ein Käfig, der die Entdeckerfreude des Kindes einengt.

Die einjährige Nadine ist ein sehr artiges Kind. Die Eltern können sie ohne Sorge im Wohnzimmer lassen.

Nadine weiß genau, was sie nicht darf und macht das auch nicht – nicht an die Hifi-Anlage und an den Fernseher gehen, nicht an die Schubladen und an die Pflanzenkübel auf dem Fußboden, nicht auf die Stühle und Sessel klettern, nicht an der Tischdecke ziehen oder an den Steckdosen pulen.

Meistens bleibt Nadine erwartungsvoll da sitzen, wo sie hingesetzt wurde, und wartet, dass jemand etwas mit ihr macht. Oder sie erhebt sich auf ihre noch wackeligen Beinchen und trabt hinter der Mama her.

Die Eltern haben diese Folgsamkeit erreicht, indem sie Nadine bei jedem Versuch, etwas Unerlaubtes zu tun, scharf angesprochen, ihr auf die Finger geklopft und sie dann gleich zurück in ihr Laufställchen gesetzt haben.

Nadine ist jetzt zwar pflegeleicht, aber ihre Neugier, ihre Unternehmungslust haben gelitten.

Arme Nadine! Sie hat gelernt: Es bringt nichts, die Welt eigenständig zu erforschen, da gibt es zu vieles, was Ärger oder Angst macht. Am sichersten ist es, nur zuzugucken und mitzumachen, was andere vormachen.

Damit hat Nadine schlechte Ausgangsbedingungen dafür, ein kluges, kreatives, selbstbewusstes Mädchen zu werden.

„Artigkeit" hält klein

Kinder müssen, um klug und selbstbewusst zu werden, ihre Umgebung unsicher machen. Sie müssen alles anfassen, ausprobieren, drunterkriechen, draufklettern. Sie müssen auch Schaden verursachen und Beulen davontragen. Sie müssen selbst erfahren, warum man Glas nicht fallen lassen, den wackeligen Hocker nicht besteigen, die Tür nicht zuschieben darf, wenn man die Finger dazwischen hat.

Erwachsene müssen wertvolle Dinge in Sicherheit bringen, Unfallquellen beseitigen oder sichern.

Hin und wieder wird ein „Du darfst nicht" trotzdem notwendig sein. Aber wir sollten es auf ein Minimum beschränken.

Regeln, die die Welt verständlich machen

Kinder suchen selbst Regeln, um die Welt zu verstehen und sich darin verlässlich einrichten zu können.

Georg, 18 Monate, ist im Moment sehr auf Regeln bedacht. Was er die Eltern machen sieht, das ist für ihn das Maß aller Dinge. Und dazu drängt er auch alle Besucher.

Wenn man zur Wohnungstür hereinkommt, muss man die Schuhe ausziehen, sie auf das Brett unter der Garderobe stellen. Dann den Anorak auf einen Bügel und in den Garderobenschrank hängen.

Der Umzug in eine größere Wohnung steht an. Der Garderobenschrank ist auseinander genommen, das Brett für die Schuhe verschwunden. Als Oma zum Helfen kommt, bricht Georg verzweifelt in Tränen aus, weil Oma die Schuhe nicht aufs Brett stellen und ihren Mantel nicht in den Schrank hängen kann.

Georg versucht, das Leben zu meistern, indem er die Regeln studiert und einhält. Als das vorübergehend nicht möglich ist, bricht seine kleine, geordnete Welt zusammen.

Viele Kinder bestehen besonders beim Schlafengehen auf der Einhaltung ganz starrer Regeln und Rituale. In der etwas beängstigenden Situation des Hinübergleitens in den Schlaf sind sie wie ein schützender Wall gegen die Unsicherheiten des Lebens.

Nicht Verbote sind es, die Kinder brauchen, sondern Regeln, die das Leben durchschaubar machen und Sicherheit geben.

Auf Eltern muss man sich verlassen können

Die ersten Repräsentanten dieser Welt, auf deren Verlässlichkeit kleine Kinder angewiesen sind, das sind die Eltern.

Deshalb sind es in erster Linie gar nicht die Kinder, die sich an feste Regeln halten müssen, sondern die Eltern.

Der dreijährige Jonas war für eine Woche im Krankenhaus. Seine Mutter konnte so schnell eine Mitaufnahme nicht organisieren. Das war für Jonas ein erschreckendes Erlebnis. Ausgerechnet als er krank und hilfsbedürftig war, hat seine Mutter ihn allein gelassen – so jedenfalls empfand es Jonas.

Seit er zurück ist, weicht er seiner Mama nicht mehr von der Seite. Sobald ein Fremder kommt, klammert er sich weinend fest. Nachts schreckt er oft schreiend hoch und beruhigt sich erst wieder, wenn er zu Mama unter die Bettdecke darf.

Für die Mutter ist das sehr anstrengend, da sie auch niemanden hat, der sie mal entlasten könnte. Aber sie kann Jonas verstehen. Deshalb akzeptiert sie es, dass er in seinem Absicherungsbedürfnis auf eine Stufe zurückgefallen ist, die vorher schon überwunden war.

Versprechen müssen eingehalten werden

Kinder müssen am Beispiel der Erwachsenen erleben, wie wichtig und wie angenehm es ist, wenn man sich auf jemanden verlassen kann. Dann können sie auch selbst verlässliche Erwachsene werden.

Der achtjährigen Aishe haben die Eltern versprochen, mit ihr in den Zirkus zu gehen – am nächsten Sonntag. Aber dann ruft Großpapa an und sagt, sie wollten am Sonntag vorbeikommen. Ohne zu zögern sagt die Mutter, sie würden sich darüber freuen. Der enttäuschten Aishe erklärt sie, dass ein Kind zurückstehen müsse, wenn die Großeltern kommen wollten. In den Zirkus könne man auch noch ein anderes Mal gehen.

Kinder müssen sich auf das verlassen können, was die Eltern sagen – auch das ist eine Regel.

Das einem Kind gegebene Versprechen darf nicht weniger wichtig genommen werden als die Verpflichtung einem Erwachsenen gegenüber. Die Mutter hätte zumindest mit ihr darüber verhandeln müssen, ob man den Zirkusbesuch noch einmal verschieben kann.

Eltern müssen berechenbar und konsequent sein

Kinder müssen im Verhalten der Eltern eine klare Linie erkennen können, damit sie wissen, womit sie zu rechnen haben.

Die Eltern haben abends Besuch. Benni und Lilli dürfen aufbleiben und dabei sein. Schnell ziehen sie die allgemeine Aufmerksamkeit auf sich. Sie spreizen sich, machen allerlei Faxen und erzählen Witze. Die ganze Runde lacht. Das finden sie toll. Aber nachher erfahren die Eltern, ein Gast habe gesagt, die Kinder seien schlecht erzogen.

Als wieder Besuch kommt, freuen sich Benni und Lilli und versuchen, das gleiche Programm abzuziehen. Aber gleich nach den ersten Hopsern werden sie vom Vater heftig angefahren und ins Bett geschickt. Da hocken sie nun und schmollen und wissen überhaupt nicht, was los ist.

Der Vater hätte erklären müssen, warum er auf einmal anders reagiert.

Sicher haben auch Eltern gute und schlechte Tage und können nicht immer gleich reagieren. Aber die Kinder sollten doch erkennen können, was die Regel ist und was die Ausnahme, welche Bedingungen es für die Ausnahme gibt (siehe auch Seite 99).

Oft versuchen Eltern, solange sich alles im wohlgefälligen Rahmen hält, besonders nachsichtig und großzügig zu sein, denn dabei fühlen sie sich auch selber gut. Wenn es aber schwierig wird, wenn die Kinder über die Stränge schlagen und die Eltern wütend werden, greifen sie wieder in die alte autoritäre Mottenkiste – dann hagelt es Anschnauzer, Strafen und Ohrfeigen. Wenn sie sich dann abgeregt haben, tut ihnen ihre Heftigkeit leid und sie erlauben für eine Weile wieder mehr als sonst.

Auch im Alltagschaos muss pädagogisch ein roter Faden sichtbar bleiben, an dem die Kinder sich entlanghangeln können.

> Ein ständiger Wechsel zwischen Nachsicht und Strenge ist
> pädagogisch besonders unzuträglich. Er hält Kinder in stän-
> diger Anspannung und Unsicherheit. Sie wissen nicht, worauf
> sie sich verlassen können.

Bis hierher und nicht weiter

Wenn Kinder mutwillig Grenzen übertreten, dürfen Eltern sich das nicht gefallen lassen.

Kinder müssen auch Grenzen kennen lernen, denn ihre Freiheiten
dürfen die Rechte anderer nicht einschränken. Denn auch Eltern
haben Rechte.

*Henrys Mutter holt den Fünfjährigen aus dem Kindergarten ab. Sonst kann
er sich recht gut allein anziehen, aber wenn Mutti kommt, lässt er sich
gern bedienen und führt den anderen vor, dass sie das auch tut. „Mach
mal den Reißverschluss zu." „Hol mal die Mütze, die liegt da hinten."
Jetzt hockt Mutti vor ihm und bindet ihm die Schuhe zu. Er kann es nicht
lassen – mit dem Fuß gibt er ihr einen kleinen Stubs, dass sie sich nach
hinten auf den Popo setzt. Die Mutter schluckt. In ihr rumort es. Aber vor
der Erzieherin und den anderen Müttern will sie das Ganze nicht hoch-
kochen. Sie sagt nichts. Aber noch stundenlang fällt es ihr schwer, freundlich zu Henry zu sein und sie geht etwas rauer mit ihm um als sonst.*

Doch wenn Eltern immer nur schlucken, bekommt ihnen das nicht
und den Kindern entzieht es die notwendigen Lernmöglichkeiten.

Kinder müssen die logischen Folgen ihres Tuns erleben, damit
sie ihr Verhalten danach einrichten können. Dass Eltern bei bestimmten Verhaltensweisen zornig oder traurig werden, ist auch eine logische Folge, und die dürfen wir ihnen nicht vorenthalten. Sicher ist
es unangenehm, wenn andere Leute einem dabei zusehen, aber die
Erziehung des Kindes ist wichtiger.

Wie Sie Ihre eigenen Rechte durchsetzen, ohne dem Kind zu nahe
zu treten, können Sie unter „Nicht ständig reden, handeln" (siehe
Seite 80 ff.) und „Logische Folgen statt Strafen" (siehe Seite 112 f.)
nachlesen.

Soziales Verhalten muss gelernt werden

Eine Grenze setzen müssen Eltern auch, wenn ihr Kind etwas tut, das andere kränkt oder schädigt. Denn die Betroffenen selbst tun es oft nicht.

Jonathan hat sich beim Spaziergang durch den Wald einen langen Ast gesucht, den er jetzt als Peitsche, als Besen, als Fahne benutzt. Als ein junger Mann auf dem Rad vorbeifährt, streckt Jonathan ihm seinen Ast entgegen. Das hätte ins Auge gehen können!

Kinder müssen lernen, die Rechte und Bedürfnisse anderer zu achten.

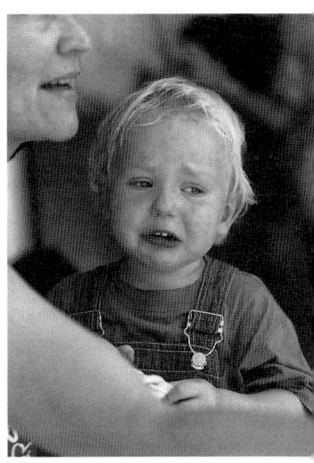

„Jonathan, das darfst du nicht tun, das ist gefährlich!", mahnt Opa. Aber beim nächsten Entgegenkommenden macht Jonathan das Gleiche. Der Opa mahnt wieder und nimmt dem Jungen den Ast weg. Jonathan protestiert laut und heftig. „Gut, wenn du niemanden mehr damit gefährdest, gebe ich ihn dir wieder", sagt Opa.

Dieses Mal kommt ein älteres Ehepaar. Jonathan angelt wieder hinüber, nur etwas verhaltener. Da nimmt Opa den Ast wieder weg, zerbricht ihn und wirft ihn in den Wald. „Der lange Ast ist für dich zu gefährlich", erklärt Opa.

Für den Rest des Weges brüllt Jonathan aus vollem Hals. Opa sagt, es täte ihm Leid, dass er den schönen Ast kaputtmachen musste, aber er habe nicht mit ansehen können, dass Jonathan die anderen Leute damit in Gefahr brachte.

Kinder können ihre sozialen Fähigkeiten nur entwickeln, wenn sie von klein auf lernen, auch die Rechte und Bedürfnisse anderer zu erkennen und zu berücksichtigen. Das fällt ihnen zuerst sehr schwer, deshalb müssen wir es ihnen geduldig immer wieder erklären und vormachen.

Mut zum Nein

Wir wollen unsere Kinder nicht mutwillig enttäuschenden Erfahrungen aussetzen. Das ist sicher gut so. Wir können ihnen aber auch nicht alle Enttäuschungen ersparen, denn nicht alles, was sie gern möchten, ist erfüllbar oder vernünftig.

*Ein klares „Nein"
nutzt einem Kind
manchmal mehr als
ein widerwilliges
Nachgeben.*

*Bea hat sich im Spielzeugladen in einen großen bunten Ball verguckt
– den möchte sie unbedingt haben – jetzt gleich! „Aber Bea, du hast doch
schon mehrere Bälle, du kannst doch immer nur mit einem spielen!"
Aber Bea entfaltet ihren ganzen Charme, mit „liebes, liebes Muttilein"
und schmachtendem Augenaufschlag. Die Mutter schmilzt dahin wie Eis
in der Sonne. Sie kauft auch noch diesen Ball, außerdem ein Donald-
Duck-Heft, einen Radiergummi in Schmetterlingsform und ein Jo-Jo.*

*In letzter Zeit kann die Mutter Bea nur schwer etwas abschlagen.
Bea bekommt wegen einer chronischen Erkrankung häufig Spritzen
und ihr ist oft übel. Da soll sie wenigstens so oft wie möglich eine Freude haben.*

Doch Bea durchschaut Mutters Schwäche und nutzt sie nach Kräften aus. Und Beas Mutter tut der Tochter mit ihrem Nachgeben keinen Gefallen. Denn Bea kann überhaupt nicht lernen, mit Versagun-
gen umzugehen oder einen Wunsch zumindest aufzuschieben, bis er
erfüllt werden kann. Alles muss sofort sein. Sobald sie es aber hat,
ist es kaum noch interessant. Die Objekte ihrer Begierde verlieren
gewissermaßen an Wert, weil sie zu leicht zu haben sind. Manchmal
scheint sie weniger an den Dingen interessiert zu sein, deren Kauf
sie durchsetzt, als daran, dass die Mutter tut, was sie will.

Oft versuchen Eltern ein schlechtes Gewissen durch besondere
Großzügigkeit in materiellen Dingen zu besänftigen. Sie glauben,
das Kind hätte es schon nicht leicht, weil die Eltern sich getrennt
haben, weil sie zu wenig Zeit haben, weil keine Geschwister zum
Spielen da sind. Aber es gilt dabei immer:

> Zuwendung und soziale Geborgenheit lassen sich durch
> Geschenke nicht ersetzen. Die Kinder werden maßlos in ihren
> Wünschen, haben aber nicht einmal viel Freude daran, weil es
> immer noch etwas anderes gibt, das sie auch haben wollen.

Ausnahmen dürfen nicht zur Regel werden

Vor einer schwierigen Entscheidung stehen Eltern auch oft, wenn
Kinder eine Ausnahme von der Regel erreichen möchten. Und das
tun sie oft.

Natalie weiß, dass sie während der Woche nicht nach 21 Uhr fernse-hen darf. Sonst schläft sie zu spät ein und ist am nächsten Tag in der Schule müde. Diese Zeit hat sie selbst mit ausgehandelt.

Die Eltern möchten, dass sich Natalie die Sendungen aus dem Pro-gramm selbst heraussucht und Filme, die länger als bis 21 Uhr gehen, gar nicht erst anfängt. Aber Natalie kann das Zappen nicht lassen. Immer wieder guckt sie sich an irgendetwas fest, und dann geht das Verhandeln los. „Mutti, so ein schöner Film, guck mal, die wollen gera-de den Hund ins Tierheim bringen. Ihr wollt doch immer, dass ich mich für Tiere interessiere."

Natalie ist recht geschickt darin, die Eltern an der richtigen Stelle zu packen. Die Eltern sind ständig im Zweifel, ob und wann sie mal eine Ausnahme machen sollten. Denn wenn sie zu streng sind, mault Natalie stundenlang und wirft ihnen vor, andere Eltern wären viel netter zu ihren Kindern. Sie möchten aber gern nette Eltern sein.

Eltern möchten gern geliebt und in ihrem Bemühen anerkannt werden.

Würden die Eltern jedoch eine Strichliste führen, wäre ihnen schnell klar, dass von „mal eine Ausnahme" nicht die Rede sein kann, weil die Ausnahmen fast so häufig sind wie die Regel.

Alle Kinder sind, wenn sie sich ärgern, überzeugt, besonders strenge, gemeine, herzlose Eltern zu haben. Das ist für die Eltern kränkend, gerade wenn sie sich sehr um Nachsicht bemühen.

Aber Natalies Eltern erschweren ihrem Kind durch ihr häufiges Nachgeben nur die Situation. Jedes Mal muss Natalie aufs Neue ver-suchen, die Eltern herumzukriegen – denn mal gelingt es und mal nicht. Umso häufiger geraten sie wegen solcher Entscheidungen an-einander.

> Wird eine Regel konsequent eingehalten, kann sich das Kind daran gewöhnen und muss nicht immer wieder versuchen, sie zu durchbrechen.

Ganz starre Regeln haben etwas Unmenschliches, weil sie das Besondere einer Situation nicht berücksichtigen können.

Das soll nicht heißen, dass Ausnahmen gar nicht sein dürfen.

Wenn ein Klassenkamerad in einem Film mitspielt, wenn einmal im Jahr Eiskunstlaufen übertragen wird, dann kann man sicher schon mal ein Auge zudrücken. Aber es müssen eben Ausnahmen bleiben.

Das Besondere an Ausnahmen ist, dass sie selten sind. Und auch dafür kann man gemeinsam einen ungefähren Rahmen abstecken.

Das „Nein" immer begründen

Wenn Eltern nein sagen, sollten sie es klar begründen. Allerdings sollte diese Erklärung nicht die Form eines längeren Sermons annehmen.

Das Kind muss lernen, die Maßstäbe, die wir setzen, eines Tages selbst zu setzen. Es soll ja nicht auf Dauer davon abhängig bleiben, dass wir ihm sagen müssen, was gut und richtig ist. Es soll auch niemand anderen brauchen, der ihm das sagt. Nach und nach wird es unsere Stimme dann durch die seines eigenen Gewissens ersetzen.

Dem Psychoterror nicht weichen

Manchmal fürchten sich Eltern vor den heftigen Reaktionen des Kindes, wenn sie ihm einen Wunsch abschlagen. Kinder durchschauen diese Angst schnell. Und sie verhalten sich entsprechend.

Zielsicher und schnell finden Kinder heraus, wie Eltern am besten herumzukriegen sind.

Lena geht mit ihrer Mutter zum Einkaufen. Am Kiosk will Lena einen Lutscher. Aber sie hat schon ein Eis bekommen, zwei Leckereien gibt es nicht, das weiß auch Lena. Mutter erklärt, Lena klappt die Ohren zu. Mutter zieht, Lena zieht zurück. Schließlich wirft sich Lena schreiend auf den Boden.

Der Mutter ist das peinlich. Damit Lena ruhig ist, kauft sie den Lutscher. Lena ist schlagartig ruhig und zufrieden.

Die Mutter hat erreicht, was sie wollte. Lena allerdings auch. In Zukunft weiß sie umso sicherer, wie sie sich durchsetzen kann.

Zu Hause hat das Gleiche wenig Aussicht auf Erfolg. Wenn Lena im Kinderzimmer kreischt, geht die Mutter einfach in die Küche und macht die Tür zu. Aber in der Öffentlichkeit ist die Methode fast unfehlbar, besonders im Laden oder auf dem Postamt – hinschmeißen, kreischen und Mutter lenkt ein.

Lena hat durchaus das Recht, ihren Wunsch anzumelden. Die Mutter sollte aber festbleiben. Festbleiben heißt allerdings nicht, dass die Mutter Lena für ihr Benehmen bestrafen muss. Es zeugt von seelischer Gesundheit, wenn Lena sich durchzusetzen versucht und nicht so leicht aufgibt. Und dass sie sich mit einer Methode durchzusetzen versucht, die erfahrungsgemäß Erfolg hat, ist nur logisch.

Die Mutter hat aber auch das Recht, auf ihrer Ansicht zu beharren.

Wenn die Mutter erreichen will, dass Lena sich das Gekreische abgewöhnt, muss sie dafür sorgen, dass es keinen Erfolg mehr hat. Dass es zu Hause nicht wirkt, hat Lena ja auch begriffen.

Regeln gemeinsam finden

Wo mehrere Menschen eng zusammenleben wollen, muss vieles klar geregelt werden, damit jeder weiß, woran er ist.

Frau Bauer ärgert sich jeden Abend, dass nach der gemeinsamen Mahlzeit alle aufspringen und ihr das Abräumen überlassen. Fordert sie einen auf, sich zu beteiligen, hat der oder die garantiert eine Ausrede. Die Tochter sagt: „Wieso müssen Mädchen immer helfen, Jungen aber nicht?" Der große Sohn sagt: „Wieso, Papa hilft ja auch nicht." Der Kleine: „Ja, ja, immer ich, weil ich der Jüngste bin." Und ihr Mann findet, er habe doch beruflich schon genug am Hals. Und dann steht Frau Bauer wieder allein in der Küche, klappert wütend mit dem Geschirr und fühlt sich ausgenutzt.

Beim Abendessen am nächsten Tag packt sie den Stier bei den Hörnern. „Ich will nicht mehr jeden Abend als Einzige dastehen und die Küche aufräumen", erklärt sie, „ich möchte, dass sich alle daran beteiligen, dass klar geregelt wird, wer wann dran ist." Die Sache wird hin- und hergewendet, die Versuche Einzelner, sich zu drücken, werden von den anderen abgeschmettert. Besondere Termine werden berücksichtigt. Am Küchenschrank wird ein Plan angeklebt, auf dem der Küchendienst für die Woche festgelegt ist. Frau Bauer muss sich nicht mehr mit den Einzelnen und ihren Ausreden herumärgern, sie braucht nur noch auf den Plan zu verweisen. Da alle an dem Plan mitgewirkt haben, fühlt sich keiner übervorteilt.

Wenn es um eine Sache immer wieder Streit gibt, ist sie nicht klar genug geregelt.

101

Mütter in solchen Situationen glauben oft, die anderen müssten doch von sich aus sehen, dass die Haushaltslasten ungerecht verteilt sind, müssten doch von sich aus Beteiligung anbieten. Aber so läuft das selten. Solange sich immer eine zuständig fühlt und höchstens leise schnauft statt laut zu protestieren, richten die anderen sich bequem damit ein. Auch bissige Bemerkungen vergiften nur die Atmosphäre. Einer klar geäußerten Forderung dagegen können sich die Angesprochenen nicht so leicht entziehen.

Der „Familienrat" hilft weiter

Lösungen für anstehende Probleme werden am besten gemeinsam gesucht.

Am besten vereinbaren Sie einen festen Termin in der Woche und besprechen derartige Angelegenheiten.

Auch viele andere Familienprobleme lassen sich dadurch lösen, dass man gemeinsam nach einer Lösung sucht. Rudolf Dreikurs nennt das einen Familienrat, Thomas Gordon spricht von der Familienkonferenz (siehe Literaturverzeichnis, Seite 128).

Bei dieser Zusammenkunft kann jeder vorbringen, was ihn im Laufe der Woche geärgert hat. Die Tochter beschwert sich vielleicht, weil ihr Bruder das gemeinsame Kinderzimmer immer so vermüllt, die Mutter, weil sie Stifte, Locher, Papierschere immer erst suchen muss, wenn sie sie mal braucht.

Eltern glauben oft, es wäre ihre Sache, in solchen Fällen praktikable Lösungsvorschläge zu machen. Doch es ist sinnvoll, wenn die Eltern sich mit Lösungsvorschlägen zunächst zurückhalten. Die Kinder sollen erfahren, dass das Probleme aller sind, für deren Lösung auch alle zuständig sind. Und gegen Lösungen, die ihnen aufgedrängt werden, sperren sie sich leichter.

Manchmal werden dabei Lösungen herauskommen, auf die Sie gar nicht gekommen wären, die aber gut funktionieren.

Aber selbst wenn etwas vorgeschlagen wird, das Ihnen verrückt oder unpraktikabel erscheint – man kann es doch mal probieren! Bei diesem Ausprobieren sehen Kinder selbst, was geht und was nicht. Wenn Eltern gleich sagen „Das geht nicht!", reagieren sie vielleicht bockig.

In einem Familienrat sollen alle, unabhängig vom Alter, das gleiche Stimmrecht haben. Viele, die es damit probieren, zeigen sich erstaunt darüber, mit welcher Ernsthaftigkeit Kinder nach Lösungen suchen, wenn sie von klein auf lernen, dass Familienprobleme auch ihre Probleme sind, wenn sie erleben, dass sie wirklich verantwortlich mitentscheiden dürfen. Und wie viel mehr sie bereit sind, sich an solche gemeinsamen Beschlüsse dann auch zu halten.

Allerdings brauchen Eltern eine ziemliche Portion Gelassenheit, um auch die negativen Folgen unpraktikabler Beschlüsse eine Weile zu ertragen, ohne Pannen stillschweigend auszubügeln oder überheblich zu bemerken: „Das habe ich ja gleich so kommen sehen."

Ziel des Familienrates ist es, Lösungen zu finden, die alle akzeptieren können, die von allen mitgetragen werden.

Streit muss manchmal sein

Trotz aller Versuche, friedliche Lösungen zu finden und aufeinander einzugehen, lässt sich Streit in keiner Familie ganz vermeiden.

Bei Familie Rot gab es gestern Abend Streit. Alle waren etwas gereizt – Ärger in der Schule, Stress im Büro, ein Blechschaden am Auto. Und irgendwann schnauzten sie sich dann gegenseitig an – zu faul für die Schule, ständige Unordnung, zu großzügig mit dem Haushaltsgeld, zu wenig Zeit für die Familie. Es wurde ziemlich laut – Türen knallten, nicht weggeräumte Schuhe flogen die Treppe hinunter. Aber im Eifer des Gefechts wurde dann auch manches ausgespuckt, wovon die anderen nichts ahnten – Liebeskummer, das Gefühl, ausgenutzt zu werden, Angst um den Arbeitsplatz.

Als der Zorn verraucht war, alle Dampf abgelassen hatten, entwickelte sich daraus noch ein recht erleichterndes Gespräch.

Doch warum geht es nicht ohne Streit?

Wo mehrere Menschen mit ihren Wünschen und Träumen, ihren Fehlern und Schwächen so eng aufeinander leben, können Enttäuschungen, Gereiztheiten einfach nicht ausbleiben, auch wenn man sich lieb hat, oder gerade, weil man sich lieb hat. Denn in dieser Situation ist jeder mit seinen Gefühlen auch sehr eng auf das bezogen, was der andere tut oder nicht tut. Deshalb ist ein gelegentlicher lautstarker Streit überhaupt kein Beinbruch. Er kann wirken

Menschen, die einander gleichgültig sind, können leichter nebeneinander herleben.

wie ein reinigendes Gewitter, weil im Schwung eines frischen Zorns Dinge deutlich ausgesprochen werden, die vielleicht schon lange unter der Oberfläche gären. Solche Explosionen machen auch dem jeweils anderen die Grenzen klar, über die hinaus einer den anderen nicht reizen darf.

Wenn Sie Streit nur dadurch vermeiden können, dass Sie viel in sich hineinfressen, sich „um des lieben Friedens willen" zu viel gefallen lassen, dann ist das schlecht – für Sie und auch für die anderen.

Eins muss allerdings klar sein – es gilt gleiches Recht für alle!

Wenn Sie sich herausnehmen, Ihre Kinder anzuschnauzen, müssen die zurückschnauzen dürfen. Solange sie noch so klein sind, dass sie das nicht können, dass sie vor unseren Zornesausbrüchen erschrecken, müssen wir sie uns unbedingt verkneifen – oder ins Badezimmer gehen, die Tür zuriegeln und unser Spiegelbild anbrüllen.

Eine Streitkultur entwickeln

Auch im Zorn und auch mit Worten darf man nicht auf die wunden Stellen des anderen zielen.

Es gibt Regeln der Fairness, die auch im Zorn eingehalten werden müssen. So ist jeder körperliche Angriff auf den anderen – der schmerzhafte Schlag ebenso wie der Klaps oder der Katzenkopf – tabu. Das gilt vor allem für die Erwachsenen. Bei kleinen Kindern werden wir Handgreiflichkeiten für einige Jahre hinnehmen müssen, da ihnen noch zu wenig andere Möglichkeiten des Ausdrucks von Wut und der Konfliktbewältigung zur Verfügung stehen.

Legen Sie gemeinsam fest, was man tun darf, um seine Wut loszuwerden und was nicht. Türenknallen? Schimpfen? Schimpfworte verletzen weniger als Schläge. Aber einiges geht doch zu weit.

Jeder hat so eine Art seelische Gürtellinie, unter die nicht geschlagen werden darf. Wenn zum Beispiel jemand bei Aufregung anfängt zu stottern, darf man ihn auch im Zorn darin nicht nachäffen oder sagen: „Lern du erst mal richtig sprechen."

Ein Kind, das sich mit seiner Ängstlichkeit oft selbst im Weg steht, darf man nie einen Feigling schimpfen. Kinder haben noch viele Schwächen und Eltern kennen die recht genau. Das dürfen sie niemals ausnutzen, selbst dann nicht, wenn die Kinder in der Wahl ihrer Waffen weniger fein sind. Auch das faire Streiten müssen sie erst lernen – an unserem Beispiel.

Strafen und Folgen

Strafen führen nicht weit und wecken keine Einsicht. Besser ist es, das Kind konsequent die Folgen seines Handelns erfahren zu lassen, ohne sich darüber aufzuregen. Denn schließlich soll das Kind sein Verhalten deshalb verändern, weil es für es selbst besser ist und nicht, weil die Eltern es anordnen.

Strafe hilft nicht

Durch Einsicht lernt ein Kind, nicht durch Strafe.

Nico hat im Kindergarten ein tolles neues Wort gelernt – „Arschloch". Die Erwachsenen, zu denen man das sagt, schnappen immer so eindrucksvoll nach Luft.

Seine Mutter ist entsetzt – wenn er jetzt schon so was anbringt, wie soll das erst in ein paar Jahren werden?

Sie erklärt Nico, dass sie dieses Wort nicht mehr von ihm hören wolle. Aber Nico reizt das erst recht. Aus heiterem Himmel, wenn ihn wieder der Hafer sticht, wirft er es der Mama an den Kopf. Aber Mutter lässt sich das nicht bieten. Sie haut Nico jedes Mal, wenn er das Wort benutzt, kräftig eins auf den Mund. Nicht lange und Nico sagt es nicht mehr.

Nachmittags geht Nico oft auf den Spielplatz der Wohnanlage. Die Eltern der unteren Etagen haben ein Auge auf die Kinder.

Nach einigen Wochen wird Nicos Mutter von einer anderen angesprochen: Nico werfe unentwegt mit Kraftausdrücken um sich, vor allem spitze er ständig Kleinere an, sie sollten zu ihrer Mama „Arschloch" sagen.

Nicos Verhalten zeigt die typische Reaktion auf Strafen. Da Mamas Schläge auf den Mund sehr unangenehm sind, traut Nico sich nicht mehr, ihr gegenüber das böse Wort zu benutzen. Aber toll findet er es immer noch, deshalb benutzt er es jetzt da, wo ihm keiner auf den Mund haut. Besonders sicher ist es, wenn er andere dazu bewegen kann, es zu benutzen. Dann kann er es sich anhören und ist es nicht gewesen.

Strafen wirken, als würde man Husten mit dem Einnehmen von Abführmitteln behandeln – es ändert nichts an der Krankheit, der so Behandelte traut sich nur nicht mehr zu husten.

Strafen haben aber noch einen anderen Nachteil.

Wer bestraft wird, wird sich der eigenen Unterlegenheit schmerzhaft bewusst. Wenn er wenig Selbstbewusstsein hat, kriecht er in sich zusammen und kommt sich schlecht vor. Hat er viel Selbstbewusstsein, wird er wütend und möchte sich wehren. Und das verbaut jede Einsicht.

Rafael hat Stubenarrest, weil er seine Schwester gehauen hat. Er hockt hinter der Scheibe und brütet. Seine Schwester spielt unten und guckt hin und wieder triumphierend nach oben. Rafael ist wütend auf seine Eltern. Immer sind sie auf Janas Seite. Dabei ist die so gemein! Während er ihr beim Spielen zuguckt, schmiedet er wüste Rachepläne – wie er sie vom Dreirad in die Rosenhecke schubsen könnte, aber so, dass seine Eltern nichts merken. Und wehe, die petzt wieder!

Wer einen anderen straft, nutzt dazu die Macht, die er über ihn hat.

Das Ziel dieser Strafe, dass Rafael in Zukunft weniger handgreiflich reagiert, wird so bestimmt nicht erreicht. Er wird es höchstens heimlicher tun.

Strafen wecken selten Einsicht. Sie machen höchstens wütend auf den, der die Strafe verhängt oder verursacht hat. Ein solides Selbstwertgefühl wehrt sich dagegen, der Macht zu weichen.

Strafen bewirken auch oft so eine Art sportlichen Ehrgeiz. Man will das, was einem mit Macht vorenthalten werden soll, nun gerade erreichen.

Jennifer soll gleich nach dem Mittagessen ihre Hausaufgaben machen, bevor die Eltern nach Hause kommen. Sie haben Jennifer verboten, den Fernseher einzuschalten, bevor sie mit den Hausaufgaben fertig ist. Aber immer wieder passiert es, dass sie die Tochter vor dem Kasten finden und die Hausaufgaben halb fertig auf dem Tisch oder noch gar nicht angefangen sind.

Jetzt geben die Eltern Jennifer für jeden Tag, an dem sie sie beim Fernsehen erwischen, kein Taschengeld. Das findet Jennifer gemein. Was hat das denn damit zu tun?

Die Eltern nutzen jede Gelegenheit, um zu ungewöhnlicher Zeit nach Hause zu kommen und die Tochter zu kontrollieren. Jennifer wird immer raffinierter darin, den Fernseher schnell genug auszuschalten, wenn einer kommt.

Sicher bekommt es Jennifer nicht, nachmittags stundenlang vor dem Fernseher zu hocken. Aber das Verhalten der Eltern hindert sie daran, dies vielleicht auch einzusehen. Denn Jennifer ist ganz damit beschäftigt sich zu wehren.

Strafen nutzen nicht nur nichts, sie schaden auch dem Verhältnis zwischen Eltern und Kindern, blockieren die Möglichkeiten der Verständigung und der Einsicht.

Jeder Schlag ist einer zu viel

Eltern dürfen niemals schlagen, sollten aber Handgreiflichkeiten kleiner Kinder mit Nachsicht behandeln.

Jedes Schlagen eines Kindes ist Strafe in reinster Form – mit allen beschriebenen Nachteilen. Es gibt niemals einen logischen Zusammenhang zu dem, was vorgefallen ist – wie sollte es auch? Nicht die Sache zeigt Konsequenzen, die Eltern vollziehen die Strafe. Einsicht ist daher kaum zu erwarten.

Es gibt keinen grundsätzlichen Unterschied zwischen der „Tracht Prügel", dem „Katzenkopf", dem Klaps auf den Po. Jeder Schlag ist Demütigung, ist ein Angriff auf die Würde eines Menschen. In unserer Verfassung steht: „Die Würde des Menschen ist unantastbar." Kinder sind auch Menschen!

Jeder Schlag macht einem Kind die eigene Unterlegenheit und Ohnmacht besonders deutlich, denn die wenigsten Eltern tolerieren es, wenn ein Kind zurückschlägt.

Dabei müsste es eher umgekehrt sein. Kleinen Kindern stehen, wenn sie wütend sind, wenn sie sich wehren wollen, noch sehr wenige Möglichkeiten zur Verfügung. Vor allem über Worte können sie sich noch nicht gut verständlich machen, wenn sie aufgeregt sind. Deshalb werden kleine Kinder sehr schnell handgreiflich. Sie müssen, auch am Modell der Eltern, im Laufe von Jahren lernen, dass es andere, bessere Möglichkeiten gibt. Aber welches Modell bieten schlagende Eltern?

Unsere Kinder verzeihen uns so manches, wenn das Verhältnis sonst in Ordnung ist.

Ich weiß, dass Eltern auch nur Nerven haben, an denen Kinder manchmal unerträglich zerren können. Und dass einem dann gelegentlich „die Hand ausrutscht". Pädagogisch gerechtfertigt ist das nie. Menschlich verständlich ist es schon. Aber wenn es nun einmal geschehen ist, dann muss man es auch wieder in Ordnung bringen – mit dem Kind darüber reden, sich entschuldigen.

Sollten Sie das Gefühl haben, dass es Ihnen trotz besserer Einsicht nicht gelingt, auf das Zuschlagen zu verzichten, nehmen Sie fachkundige Hilfe in Anspruch. Gehen Sie zu einer Familien- oder Erziehungsberatungsstelle.

Wenn nun aber Strafen so wenig positive, dafür handfeste negative Auswirkungen haben – was kann man sonst tun, um Kindern bestimmte Verhaltensweisen abzugewöhnen?

Löschen statt hemmen

Ich möchte mit Ihnen einen kleinen Ausflug in die Lernpsychologie machen. Da geht es nicht nur um Schule, sondern um Verhalten überhaupt.

Ziel ist es, dass ein Kind auch ohne Kontrolle ein gewünschtes Verhalten zeigt.

Jedes Verhalten, das ein Mensch an den Tag legt, hat er gelernt, weil er damit ein bestimmtes Ziel erreichen konnte.

Nun ist manches Verhalten, das Kinder sich angewöhnen, recht unerfreulich. Es strapaziert die Mitmenschen über Gebühr oder das Kind steht sich damit bei seiner weiteren Entwicklung selbst im Wege.

Deshalb suchen Eltern nach effektiven Möglichkeiten, einem Kind unerwünschtes Verhalten wieder abzugewöhnen.

Hemmen wirkt nur sehr begrenzt

Die Lernpsychologie kennt dabei zwei grundsätzliche Möglichkeiten. Die erste: Sie hemmen dieses Verhalten, indem Sie ihm jedes Mal prompt eine unangenehme Sanktion folgen lassen. Diese Sanktion versucht das Kind dann zu vermeiden, indem es nach und nach das unerwünschte Verhalten sein lässt. Diesen Mechanismus bezeichnen wir in der Erziehung als Strafe.

Die Sache hat nur einen Haken. Dieses Hemmen wirkt nur solange, wie der Strafreiz gegenwärtig ist, wie weiter mit ihm gerechnet werden muss. Sobald diese Kontrolle wegfällt, taucht das Verhalten wieder auf, denn an der Motivation des Kindes, an seinen Neigungen und Wünschen hat sich durch die Strafe überhaupt nichts geändert.

Wie das praktisch aussieht, habe ich auf Seite 106 am Beispiel der Schimpfwörter beschrieben.

Gelöscht wird durch Ausbleiben des Erfolgs

Die zweite, solidere Möglichkeit der Verhaltensänderung besteht darin, ein gelerntes Verhalten wieder zu löschen, also den Lernvorgang gewissermaßen umzukehren, zurückzunehmen, weil das Verhalten sein Ziel nicht mehr erreicht.

Benutzen wir noch einmal unser Schimpfwort-Beispiel:

Kinder müssen den Eindruck gewinnen, dass das ganz besondere Wörter sind – Wörter, die Macht geben. Wirft man sie einem anderen Kind an den Kopf, wird es böse, ist gekränkt, fängt vielleicht an zu weinen. Man kann mit Kraftausdrücken Kämpfe austragen, ohne einen Finger krumm zu machen.

Erwachsene schnappen nach Luft oder regen sich auf, wenn man solche Worte benutzt. Auch das gibt so einem Zwerg das schöne Gefühl, mit wenig Aufwand einen großen Effekt erzielt zu haben – toll, das muss man jetzt öfter probieren.

Es ist die Reaktion der anderen, die die Lust an den Kraftausdrücken nährt. Bleibt diese Reaktion aus, macht es keinen Spaß mehr.

Dieses Prinzip lässt sich auf viele andere „Kinderfehler" übertragen. Auch mit störendem Verhalten verfolgen Kinder immer ein bestimmtes Ziel. Das Verhalten wird beibehalten, solange sie damit ihr Ziel erreichen.

Stellen wir das Wichtigste noch einmal heraus:

Es hat wenig Zweck, ein unerwünschtes Verhalten durch eine Strafe zu verhindern, denn diese ändert nichts an der Neigung des Kindes, das Verbotene wieder zu tun, sobald keine Strafe mehr droht.

Wichtiger ist es herauszufinden, welches Ziel das Kind mit seinem Verhalten verfolgt, welche Reaktion es von uns unbewusst erwartet und einplant.

Bleibt diese Reaktion aus und reagieren wir anders als erwartet, wird das Verhalten sinnlos. Es wird seltener und hört schließlich auf.

Andere Wege zeigen

Wenn wir wollen, dass ein Kind ein unerwünschtes Verhalten ablegt, müssen wir ihm aber auch helfen, das berechtigte Ziel, das es verfolgt, auf andere, menschenfreundlichere Weise zu erreichen. Sonst machen wir es hilflos.

Denis, ein stämmiges kleines Kerlchen von zwei Jahren, besucht eine altersgemischte Kindergruppe. In den letzten Wochen gibt es dort einige Missstimmung, denn Denis beißt! Immer wieder halten Mütter den Erzieherinnen vorwurfsvoll den Abdruck von Denis' Zähnen auf dem Körper ihres Kindes unter die Nase. Einige verlangen, dass dieses bissige Kind aus der Gruppe entfernt wird. Aber das wollen die Erzieherinnen nicht. Jedes Kind kann mal eine unerfreuliche Marotte entwickeln, wo kämen wir hin, wenn wir es immer gleich ausschließen würden?

Die Erzieherinnen stellen fest, dass Denis vor allem dann beißt, wenn er irgendwo den Kürzeren zieht, weil er sich mit Worten nicht verteidigen kann. Denn mit dem Sprechen ist es bei Denis noch nicht so weit her, die Großen reden ihn leicht an die Wand.

Also beschließen die Erzieherinnen, dass sie Denis mehr Raum verschaffen müssen, um sich mit Worten durchzusetzen.

Sie besprechen dieses Vorhaben mit den anderen Kindern – besonders die Fünfjährigen sind schon recht einsichtig. Immer wenn Denis Anstalten macht zu beißen, rufen andere, die das beobachten: „Denis, nicht beißen, reden!" Die Erzieherinnen achten besonders darauf, dass Denis auch Gehör findet, wenn er etwas sagen möchte. Sie ermutigen ihn, viel zu sprechen.

Denis ist von der Beachtung, die er jetzt findet, recht beeindruckt. Er drückt sich immer häufiger mit Worten aus. Er beißt immer seltener.

Denis hatte die Erfahrung gemacht, dass Beißen eine sehr wirksame Methode ist, um Aufmerksamkeit zu finden und sich durchzusetzen. Und Beißen konnte Denis viel besser als reden. Als ihm die anderen jedoch zeigten, dass er dieses Ziel auch anders erreichen kann, konnte er das Beißen lassen.

Logische Folgen statt Strafen

Eltern neigen dazu, die Konsequenzen aufzufangen und abzufedern, weil sie das für ihre Pflicht halten – das führt nicht weiter!

Wenn Sie vergessen, am Küchenherd das Gas kleiner zu drehen, brennt Ihnen das Essen an. Darüber ärgern Sie sich so, dass Sie das nächste Mal besser aufpassen. Das wirkt viel besser, als wenn einer käme, das Gas für Sie kleindrehte, aber hinterher mit Ihnen meckerte, weil Sie es nicht selbst gemacht haben. Das würde Sie eher ärgerlich machen auf den Meckerer – oder nicht?

Wenn Kinder etwas vergessen oder falsch machen, hätte das oft auch logische Folgen.

Cynthia verstreut ihre Lego-Steine gern in der ganzen Wohnung. Immer wenn die Mutter sauber machen will, fordert sie Cynthia auf, die Steine aufzusammeln, damit sie nicht im Staubsauger verschwinden. Aber Cynthia hat dann immer gerade etwas Wichtiges zu tun.

Die Mutter hat es satt, ständig schimpfend die Steine vor dem Staubsauger zu retten. Hin und wieder hört Cynthia jetzt ein deutliches „Plopp" im Heulen des Saugers. „Mama, mein Lego-Stein!" Die Mutter erklärt ihr, bei den vielen herumliegenden Steinen könne sie das nicht immer vermeiden. Aber wenn sie den Staubbeutel wechsle, könne Cynthia ihn draußen aufschneiden und ihre Steine wieder heraussuchen. Das macht Cynthia dann auch. Aber sie findet den vielen Staub ganz schön eklig. Als es wieder einmal „plopp" macht, fängt sie ohne weitere Ermahnung an, die Steine einzusammeln.

Mutters Verhalten ist wirksam, weil Cynthia die Logik der Sache einsieht. Das neue Verhalten hat aber auch noch einen anderen Vorteil: Seit die Mutter sich so verhält, muss sie sich über die herumliegenden Steine nicht mehr aufregen. Sie kann Cynthia ohne zu meckern auf die Folgen hinweisen. Es ist nicht ihre Sache, sich darum zu kümmern. Cynthia hat nicht das Gefühl, dass die Mutter gegen sie ist, sie fühlt sich nicht bestraft. Deshalb hat sie auch weniger Anlass, auf die Mutter wütend zu werden.

Anders sieht das allerdings aus, wenn die Mutter dazu eine hämische Bemerkung macht: „Siehst du, das passiert, wenn man so unordentlich ist." Oder wenn Cynthia den Eindruck hat, dass die Mutter absichtlich den einen oder anderen „Plopp" auslöst – dann bekommt dieses Vorgehen schnell einen Zug von persönlicher Gemeinheit und ist keine logische Folge mehr.

> Im Prinzip sollten wir einfach nur geschehen lassen, was ohne unser ordnendes Eingreifen geschehen würde und uns auch innerlich dafür nicht mehr zuständig fühlen. Es ist Sache des Kindes, die Folge zu ertragen oder zu vermeiden.

Folgen nicht auffangen
Oft genug federn wir solche Folgen ab, weil wir denken: „Das kannst du doch nicht machen", aber wir tun dem Kind keinen Gefallen damit.

Paul hat zum zweiten Mal in diesem Schuljahr seine Federtasche ver-schusselt und dazwischen noch einiges andere irgendwo liegen gelassen und nicht gleich gesucht und nachgefragt. Es war eben weg, man musste halt was Neues besorgen. Aber dem Vater ist das jetzt zu bunt. Neue Federtasche, neuer Inhalt, das kostet! Er erklärt Paul, er müsse vorerst mit dem zurechtkommen, was sich im Haushalt noch so finde. Paul kann in der Schublade mit dem Bürozeug kramen – ein alter Stifte-beutel, diverse einzelne Buntstifte, Filzer, ein halber Radiergummi … Paul muss sich bescheiden und wünscht sich eine neue Federtasche von Oma zum nächsten Geburtstag. Schade, sonst hätte er sich ein Spiel wünschen können. Aber auf die Federtasche passt er jetzt auf.

Logische Folge oder Strafe?
Es ist wichtig, sich diesen Unterschied bewusst zu machen.

Das Kind soll die Folgen seines Handelns selbst erfahren und aushalten.

Es wird manchmal nicht leicht sein, Strafe und Folge auseinander zu halten oder den kleinen Kick von Rache aus einer sonst logischen Folge herauszuhalten.

Der zweijährige Sebastian darf ohne Begleitung draußen spielen. Er darf aber nicht unter dem Gartenzaun durchkriechen und auf die Straße

113

laufen. Doch das reizt ihn im Moment ganz besonders. Jedes Mal, wenn er das tut, holt Vater oder Mutter ihn ins Haus und lässt ihn einen halben Tag nicht mehr nach draußen, auch wenn er noch so protestiert. Nach dem Schlafen darf er es dann wieder probieren – hält er nicht durch, wird er gleich wieder hereingeholt.

Da Basti sehr gern draußen spielt, erliegt er der Versuchung wegzulaufen immer seltener.

Ob das eine Strafe oder eine logische Folge ist, entscheidet sich durch die „Begleitmusik".

Wird Sebastian ausgeschimpft, kriegt er einen Klaps auf den Popo? Dann ist es Strafe. Wird ihm ohne Ärger in der Stimme erklärt, er könne nicht draußen bleiben, weil es zu gefährlich sei, wenn er auf die Straße laufe, dann ist es eine logische Folge.

Wichtig ist, dass das Kind den logischen Zusammenhang zwischen dem, was es tut, und dem, was folgt, erkennt.

Wenn ein Kind das „Sandmännchen" im Fernsehen nicht sehen darf, weil es seinen kleinen Bruder gehauen hat, kann es das sicher nicht. Da gibt es nämlich keinen. Also ist das keine Folge, sondern eine Strafe.

Fragen Sie sich bei Ihren Reaktionen:

- Besteht ein logischer Zusammenhang zwischen dem, was das Kind tut, und dem, was folgt?
- War diese Konsequenz vorher abgesprochen?
- Kann ich die Folge ruhig eintreten lassen, ohne wütend zu werden, ohne Rachegelüste?

Versuchen Sie, sich auch innerlich aus dem Geschehen herauszuhalten. Die Folgen sind nicht Ihr Problem!

Geschwister

Ein Herz und eine Seele – so sollten Geschwister sein, zumindest in den Augen der Eltern. Doch die Realität sieht meist anders aus: Da gibt es Zoff ohne Ende, Handgreiflichkeiten und Gemeinheiten. Dabei bemühen sich die Eltern so sehr, alle Kinder gleich zu behandeln. Ist vielleicht gerade das verkehrt?

Jedes Kind sucht seinen eigenen Weg

Geschwister leben nie unter gleichen Bedingungen, auch wenn sie scheinbar „gleich" behandelt werden.

Niklas ist acht und geht in die dritte Klasse. Er geht auch ganz gern in die Schule, aber er hasst Hausaufgaben. Am liebsten würde er sie jeden Tag „vergessen". Aber Mama sitzt neben ihm und passt auf, dass er alles ordentlich und einigermaßen zügig hinter sich bringt. Oft geraten die beiden in Streit, weil er trödelt, schmiert oder nicht aufpasst.

Sein ein Jahr jüngerer Bruder Kilian ist da ganz anders. Wenn Mama sich nach dem Zoff mit Niklas ihm zuwendet, ihn fragt, was er machen muss, antwortet er nur ganz selbstbewusst: „Da brauchst du dich nicht drum zu kümmern, ich bin schon fertig." Die Mutter wundert sich manchmal, dass die beiden so verschieden sind, obwohl sie doch beide gleich behandelt.

Auch wenn Eltern glauben, alle Kinder gleich zu behandeln, die Bedingungen, die die Kinder vorfinden, sind eben nicht gleich, schon weil sie als Erste, Zweite oder Dritte geboren werden. Deshalb wird auch ihre Entwicklung anders verlaufen.

Jedes Kind möchte als etwas Besonderes, Einmaliges wahrgenommen werden. Deshalb wird es versuchen, sich auf einem Gebiet hervorzutun, das es nicht schon durch ein Geschwister besetzt findet. Kilian zum Beispiel erlebt, dass sein großer Bruder ständig Ärger wegen der Hausaufgaben hat. Deshalb legt er seinen Ehrgeiz darein, seine Aufgaben ganz schnell und ohne Hilfe zu erledigen.

Ich möchte die Mutter sehen, die das nach längerer ärgerlicher Plackerei mit dem Großen nicht mit freudiger Erleichterung zur Kenntnis nimmt und mit einem Gefühl warmer Dankbarkeit honoriert. Und gerade das spornt Kilian weiter an. Aber sicher hat auch Niklas seine Stärken, mit denen er Mama zu beeindrucken weiß. Beide Jungen werden sich redlich bemühen, auf ihre ganz persönliche Art die Aufmerksamkeit der Eltern zu gewinnen.

Eifersucht

Eifersüchteleien unter Geschwistern sind unausweichlich. Sie leben in ständiger Konkurrenz um die Zuwendung der Eltern und sie haben den Konkurrenten, die Konkurrentin ständig neben sich.

Eltern können die Eifersucht durch ihr Verhalten zusätzlich schüren oder abschwächen.

Eltern schüren die Eifersucht, wenn sie ein Kind dem anderen als Beispiel hinstellen – das Selbstständige dem Unselbstständigen, das Besonnene dem Hitzkopf.

Wenn Eltern anfangen, individuelle Unterschiede als Vorzüge und Fehler zu gewichten und gegeneinander aufzurechnen, kommt ein hässlicher Ton in die Musik.

Keins Ihrer Kinder ist besser oder schlechter als das andere, es ist einfach anders!

Geschwister wachen darüber, dass die Aufmerksamkeit der Eltern gerecht verteilt wird.

Jedem das Seine statt allen das Gleiche

Die Mutter von Lydia und Tatjana gibt sich die größte Mühe, beide Mädchen immer gleich zu behandeln. Kauft sie der einen unterwegs ein Eis, muss die andere unbedingt noch am gleichen Tag auch eins haben. Will die eine ins Kino gehen, soll die andere auch mit. Beim begehrten Nachtisch zählt sie sogar die Kirschen im Schälchen ab, damit sich ja keine benachteiligt fühlt. Und trotzdem ist mal die eine, mal die andere überzeugt, dass ihre Schwester „wieder mal" bevorzugt wurde.

Kinder wollen etwas ganz Besonderes und Einmaliges sein und dies im Verhalten der Eltern auch erfahren.

Eltern stellen an sich den Anspruch, alle ihre Kinder so offensichtlich gleich lieb zu haben und gleich zu behandeln, dass daran kein Zweifel aufkommen kann. Deshalb erleben sie Ausbrüche kindlicher Eifersucht als pädagogisches Versagen. Und dann reagieren sie leicht mit überzogenen Bemühungen, ja niemanden zu benachteiligen.

Aber es ist gar nicht die völlige Gleichbehandlung, die Kinder möchten und brauchen.

Alter und Persönlichkeit setzen die Maßstäbe

Kinder sind doch auch ganz verschieden, schon vom Alter her. Wollen Sie dem Einjährigen ein Überraschungsei kaufen, nur weil die große Schwester eines bekommt? Was soll er damit, außer es zwischen den Fingern zu zermanschen?

Was ein Kind schon oder noch darf oder nicht darf, muss nach Alter und Persönlichkeit unterschiedlich sein.

Mut zur Ungleich-heit, nicht Gleichma-cherei ist notwendig.

Sie müssen den Zweijährigen daran hindern, das Gartentor aufzumachen und hinauszulaufen, die Fünfjährige aber nicht. Sie würde als ungerechte Einengung erleben, was für den Kleinen notwendiger Schutz ist. Auch der kopflose Wildfang braucht andere Regeln als die gleichaltrige, besonnenere Zwillingsschwester.

> Deshalb kann Gerechtigkeit für Geschwister nur sein, jedem zu seiner Zeit und seinen Eigenheiten entsprechend das zu ermöglichen und zukommen zu lassen, was es gerade braucht.

Aber dieser Grundsatz macht es unausweichlich, dass Kinder diese unterschiedlichen Haltungen gegeneinander aufwiegen. Und dabei gucken sie gern besonders auf das, was für sie nachteilig ist: „Die darf das und ich nicht."

Wenn Ungleichbehandlung notwendig ist, brauchen die Erwachsenen dies auch nicht zu bestreiten.

Eltern können zur Ungleichbehandlung stehen und versuchen, ihren Standpunkt zu erklären. Dann darf das Kind aber auch solche Vorwürfe äußern, ohne sich gleich eine Moralpredigt einzuhandeln. Und das ist wichtig, denn Eifersucht nagt noch mehr, wenn man sie nicht äußern darf.

Mehr Gelassenheit!
Fassen Sie die Eifersucht Ihrer Kinder nicht als Vorwurf und Angriff gegen die eigene Integrität auf. Sehen Sie sie eher als Ausdruck der kindlichen Befindlichkeit an. Dann können Sie viel gelassener damit umgehen. Statt sich zu rechtfertigen, können Sie freundlich zuhören, können versuchen, die Sicht des Kindes zu verstehen. Schon das hilft ihm. Dann können Sie überlegen, wie seinem nagenden Gefühl, zu kurz zu kommen, abzuhelfen ist. Müssten der Älteren, die immer nur die Nachteile des Älterseins sieht, die Vorteile etwas deutlicher gemacht werden? Braucht die Große vielleicht hin und wieder eine Extrawurst „nur für Ältere"? Könnte sie mal mit Vati, Mutti, Oma, Opa allein etwas unternehmen?

Bei allem Verständnis für das nagende Gefühl der Zurücksetzung und Benachteiligung wird aber auch in jeder Familie ein Bodensatz an alltäglichen Eifersüchteleien übrig bleiben, die Sie mit dem beruhigenden Gefühl der Unvermeidbarkeit einfach übergehen dürfen.

Konkurrenz nicht fördern

Dass Geschwister von sich aus auf Gebieten zu glänzen versuchen, auf denen das noch kein anderes Kind tut, ist eine Sache. Eine andere ist, dass Eltern dies niemals ausnutzen sollten, um das eine dem anderen als leuchtendes Beispiel vorzuhalten. Denn das blockiert die Zuneigung und den vertrauensvollen Umgang miteinander gewaltig.

Kein Geschwisterkind muss es dem anderen gleichtun.

Als Sören mit sechs in die Schule kam, hatten seine Geschwister Robby und Annabelle da schon einen guten Ruf. Beide sind die Besten in ihrer Klasse. Und da er genau die gleichen semmelblonden Haare hat wie sie, sahen die Lehrer gleich: „Ah, wieder ein Hardtke!" Das macht Sören schwer zu schaffen. Wenn er Probleme mit dem Lesen hat, heißt es gleich: „Da guck dir mal ein bisschen was von deiner Schwester ab." Wenn er zu Hause beim Diktatüben schimpft oder streikt, heißt es: „Wenn du so weitermachst, wirst du es nie so weit bringen wie Robby und Annabelle." Manchmal hasst er die beiden richtig. Er träumt davon, dass eines Tages ein fremder Mann kommt, der beweist, dass das eigentlich seine Kinder sind und sie mitnimmt. Dann wäre er der Einzige!

Weil Eltern und Lehrer so selbstverständlich erwarten, dass Sören es seinen Geschwistern gleich tut, kann der das nicht.

Sören kann seine Geschwister manchmal nicht ausstehen, dabei haben sie ihm eigentlich nichts getan. Vielleicht bemühen sie sich wirklich, dem Kleinen beim Lesen und Schreiben auf die Beine zu helfen. Aber Sören macht schon dicht, wenn sie bloß damit anfangen.

Auch wenn Kinder die Eltern dazu herausfordern, ihnen einen Sieg im Konkurrenzkampf zu bestätigen, müssen Eltern aufmerksam und vorsichtig sein.

Gerechtigkeit ist
manchmal
ein schwieriger
Balance-Akt.

Kevin, Franzi und Steffi spielen im Kinderzimmer. Kevin und Franzi sind drei, Steffi ist vier. Kevin und Franzi sind meistens ein Herz und eine Seele, besonders wenn es darum geht, Dummheiten zu machen. Steffi weiß sich nur abzusetzen, indem sie herausstreicht, wie groß und vernünftig sie schon ist.

Als der Vater am Sonntagmorgen ins Kinderzimmer kommt, findet er sein Trio etwas betreten vor der einen Zimmerwand. Die Tapete, vor wenigen Wochen erst neu geklebt, hängt in Streifen herunter, kleine Stücke liegen auf dem Boden.

„Ich hab nicht mitgemacht!", verkündet Steffi sofort. Aber die Art, wie sie das sagt, warnt den Vater davor, das anerkennend zur Kenntnis zu nehmen. Er macht ohne Unterschied gegen alle drei seinem Ärger Luft, schimpft darüber, dass die ganze Mühe umsonst gewesen ist.

Dann plant er die Schadensbeseitigung. Mit einem scharfen Trennmesser zieht er eine Grenze um den zerfetzten Bereich. Kategorisch fordert er alle drei auf, innerhalb des Gevierts die restliche Tapete abzupulen und die Stücke ordentlich wegzuräumen. Bevor das nicht wieder in Ordnung sei, dürfe keines zum Spielen nach draußen. Steffis Beteuerung, sie habe doch aber ... nimmt er nicht zur Kenntnis. Er knallt die Tür zu und geht in den Keller, um nach der restlichen Tapete zu suchen.

Manch einem mag das ungerecht erscheinen, denn Steffi hatte ja vielleicht wirklich nichts gemacht. Dem Vater aber erschien es wichtiger, ihr Triumphieren und Sich-Herausstreichen nicht noch zu unterstützen. Indem er alle drei dazu verdonnerte, den Schaden gemeinsam zu beseitigen, grub er der Konkurrenz zwischen ihnen das Wasser ab.

Manchmal kann es wichtiger sein, die Solidarität unter Geschwistern zu fördern, statt unbedingt jedem Einzelnen Gerechtigkeit widerfahren zu lassen.

Kinder müssen streiten lernen

Wer so vieles, wer sogar die Zuneigung und Aufmerksamkeit der Eltern miteinander teilen muss, gerät fast zwangsläufig mit dem Konkurrenten in Konflikt. Und es ist besser, wenn solche Konflikte ausgetragen werden, als wenn sie im Verborgenen schwelen, weil Eltern die Maxime ausgeben: „Schämt euch, so zu streiten, ihr seid doch Geschwister!" Soll das etwa heißen, dass man nur mit Fremden streiten darf, weil es da nicht so drauf ankommt?

Kinder brauchen viel Gelegenheit, das faire Streiten zu lernen. Das können sie in der Familie, in der ja im Grunde doch eines das andere lieb hat, sogar am besten lernen.

Frau Isaak hört – wieder mal – wildes Kampfgeschrei aus dem Kinderzimmer. Ihre beiden Söhne gehen aufeinander los. Frederic steht auf dem Sofa, Dominic versucht, ihn da herunterzuzerren. Frederic tritt mit seinen Turnschuhen nach dem Bruder. „Frederic, nicht mit Schuhen!", herrscht ihn die Mutter an. Frederic lässt sich knurrend nieder, um die Schuhe auszuziehen, die Mutter hält so lange den wütenden Dominic zurück. Als Frederic auf Strümpfen wieder am alten Platz steht,

Dass Geschwister sich oft streiten, ist unvermeidbar.

lässt die Mutter die beiden Kampfhähne allein. Ihr bissiger Kommentar über diese blöde Klopperei verhallt ungehört.

Die Mutter mischt sich in den Streit ihrer Söhne nicht ein. Frau Isaak meint, die beiden müssten selbst Wege finden, sich zu einigen. Am Abend, wenn beide sich beruhigt haben, wird sie vielleicht noch einmal darauf zurückkommen.

Körperliche Aggression

Kindern, besonders Jungen, fällt es viel schwerer als Erwachsenen, bei Auseinandersetzungen auf Handgreiflichkeiten zu verzichten.

Kinder reagieren viel stärker als wir mit dem ganzen Körper, drücken auch Gefühle mit dem ganzen Körper aus. Erwachsene können Worte als scharf geschliffene Waffen benutzen, Kindern fällt das noch schwer, besonders wenn sie aufgeregt sind. Deshalb kann man ihnen die eigene Aversion gegen körperliche Auseinandersetzungen immer wieder erklären (und vormachen!), aber bis das greift, muss man einige Jahre Geduld haben.

Jungen streiten meistens wilder und heftiger als Mädchen. Was nicht heißt, dass man Mädchen nun darauf festlegen darf: „Ein Mädchen haut sich doch nicht!" Mädchen brauchen hin und wieder Ermutigung, damit sie sich von Jungen nicht alles gefallen lassen.

Aber alle Kinder müssen von klein auf Grenzen kennen lernen, die auch im Zorn auf keinen Fall überschritten werden dürfen:
- nicht mehrere auf einen,
- niemals mit einem harten Gegenstand in der Hand schlagen,
- niemals mit Schuhen an den Füßen treten,
- aufhören, sobald einer weint oder sich nicht mehr wehren kann.

Sich nicht in Streit verwickeln lassen

Wie jeden Freitag möchte Frau Johnson ihren Mann mit dem Auto vom Bahnhof abholen. Sonst hat sie Björn und Sören immer mitgenommen, aber heute sind die beiden gerade so ins Spiel vertieft, dass sie unbedingt dableiben möchten. Diese Streithähne eine Stunde ohne Aufsicht

lassen? Zur Sicherheit bringt sie einen Schlüssel zur Nachbarin. Wenn
sie Kampfgetümmel hört, soll sie sicherheitshalber nachsehen. Aber
die Nachbarin berichtet Erfreuliches: kein lauter Streit, kein Kampfge-
tümmel.

Es spielt sich ein, dass die beiden Jungen allein zu Hause bleiben,
wenn die Mutter zum Bahnhof fährt. Der Kommentar der Nachbarin
ist immer der gleiche: Kein Streit. Aber kaum sind die Eltern wieder
da, geht auch die Streiterei wieder los, steht der Erste wutschnaubend
in der Küche: „Mama, Björn tritt immer nach mir", gefolgt von einem
heulenden Björn: „Mama, Sören hat mich vom Stuhl geschubst!"

Ohne Publikum macht Streiten keinen Spaß!

Wenn wir wissen möchten, warum die Kinder sich so verhalten, müssen wir beobachten, was in solchen Situationen geschieht.

Frau Johnson und ihr Mann geben sich redliche Mühe, den Streit
zu schlichten. Sie gehen den Fragen nach, wer angefangen hat, wer
das Schlimmere gemacht hat, was jetzt passieren muss, damit die
beiden sich wieder vertragen.

Manchmal sind die Eltern dabei auch uneins und fangen selbst
an, sich zu streiten. Jedenfalls befassen sie sich intensiv mit dem
Problem der Kinder. Wie aber sollen die Kinder lernen, ihre Konflikte selbst zu lösen, wenn das immer die Eltern für sie tun? Und
warum sollen sie aufhören zu streiten, wenn ihnen das so viel Aufmerksamkeit sichert?

Zu streiten, wenn keiner dabei ist, bringt dagegen nichts. Also
streiten sie fast nur, wenn die Eltern da sind. Oft macht die Einmischung der Eltern das Ganze auch nur schlimmer.

Die fünfjährige Vicky spielt mit ihrem zweijährigen Bruder Moritz im
Kinderzimmer. Vicky wird oft furchtbar wütend, wenn der Kleine ihr
kaputtmacht, was sie gerade baut, ihr wegnimmt, was sie gerade
braucht oder sich sonst unsozial benimmt. Aber Moritz ist äußerst unter-
nehmungslustig und ständig in Aktion. Die Eltern möchten, dass Vicky
Rücksicht nimmt, weil der Kleine das doch noch nicht anders versteht.

Gerade schallt wieder heftiges Geschepper und wütendes Brüllen
aus dem Kinderzimmer. Der Vater findet eine wutschnaubende Vicky
vor einem Spielzeugregal, aus dem alles herausgerissen und auf den

Boden geworfen ist. Moritz hockt auf der Liege und hat damit anscheinend überhaupt nichts zu tun.

Der Vater schnauzt Vicky an, die wütend auf dem Spielzeug herumtrampelt: Er verdonnert sie, sofort alles wieder einzuräumen, vorher dürfe sie nicht wieder herauskommen.

Vicky schäumt. Als der Vater die Tür zugeknallt hat, geht sie auf Moritz los und verhaut ihn ordentlich. Sie hasst ihren Bruder, sie hasst ihren Vater, sie möchte nur noch auf alles einschlagen.

Was Vickys Vater nicht gesehen hat: Nicht Vicky hat das Spielzeug aus dem Regal gerissen.

Moritz war hinter dem Regal auf die Liege geklettert, hatte das Regal von hinten angekippt, so dass die davor sitzende Vicky den ganzen Inhalt auf den Hals bekam. Sie war nicht die Täterin, sondern das Opfer. Weil das sonst aber oft anders ist, hat der Vater sich leicht täuschen lassen.

Hätte er doch bloß den Gesichtsausdruck seines Sohnes genauer beachtet! Der guckte so betont unbeteiligt, aber mit einem kleinen triumphierenden Glitzern in den Augenwinkeln!

Moritz hat es geschafft, mit geringem Aufwand ein Riesengetöse zu machen, das die Eltern herbeirief, und dazu noch die Schwester ins Unrecht zu setzen. Was will man mehr?

Keine Partei ergreifen

Es ist oft sehr schwer, als Außenstehender einen Streit wirklich gerecht zu beurteilen.

Nicht immer ist dem, der laut schreit, das größte Unrecht geschehen. Nicht immer ist der, der zugeschlagen hat, der einzige Täter. Schon gar nicht gerecht ist es, bevorzugt das ältere Kind verantwortlich zu machen. Wer das tut, ahnt nicht, wie gemein kleine Geschwister sein können!

Wenn Eltern in einem Streit Partei ergreifen, schaffen sie immer Sieger und Besiegte und das macht die Sache nur schlimmer. Für jedes Kind ist es attraktiv, Sieger zu sein, jedes besiegte Kind sinnt auf Rache. Dabei greifen wir doch oft ein, weil wir möchten, dass die Kinder lernen, weniger zu zanken. Aber warum sollen sie weniger zanken, wenn Siegen so attraktiv ist?

Nicht ständig den Richter spielen

Frau Leske nervt es, dass ihre beiden Mädchen ständig Streit miteinander haben. Wenn sie die beiden aus dem Hort abholt, freut sie sich auf das Wiedersehen. Aber die beiden beginnen sofort, übereinander herzuziehen. „Klara hat mich nicht mitspielen lassen." „Ja, weil Nina immer bestimmen wollte, wer der Vater ist." „Ja, weil Klara immer der Vater sein will und nie jemand anders ranlässt …" Frau Leske bemüht sich redlich, beiden gerecht zu werden. Und so verbringen sie manchmal den halben Abend damit herauszudröseln, wer angefangen hat, wer schuld war, wer sich wie anders hätte verhalten sollen. Dieses Spiel hat Frau Leske reichlich satt.

Eine Woche lang, als Frau Leske eine Fortbildung hat, holt Oma die Kinder ab. Die versuchen jetzt, sie zum Richter zu machen. Aber Oma erklärt, dafür sei sie nicht zuständig. „Wie soll ich beurteilen, was im Hort passiert ist. Ich war doch gar nicht dabei. Das müsst ihr schon allein miteinander ausmachen."

Zunächst wollen Klara und Nina das nicht einsehen, aber dann gewöhnen sie sich daran. Oma erzählt ihrer Tochter davon.

Plötzlich durchschaut Frau Leske das Spiel.

Je intensiver Frau Leske die Richterin zu spielen versucht, desto mehr Gelegenheiten finden die Mädchen, sie als Richterin zu bemühen. Sie konkurrieren um ein jeweils günstiges Urteil, sie genießen es aber auch beide, dass die Mutter so intensiv auf ihre Argumente eingeht. Deshalb ziehen sie letztlich trotz der Konkurrenz auch an einem Strang. (Siehe auch das Beispiel von Justus und Sarah auf Seite 84.)

> Wenn Kinder sich streiten, ist das Sache der Kinder. Wenn sie niemanden damit beschäftigen können, eine Lösung für ihre Konflikte zu suchen, müssen sie selbst nach Lösungen suchen.

Eltern müssen nur darauf achten, dass die Grundregeln des Streitens eingehalten werden, und sich vor Augen halten: Eine selbst gefundene Lösung ist allemal besser als eine, die ein Erwachsener gefunden hat.

Manchmal allerdings mögen Eltern den Eindruck haben, dass die Kinder nicht in der Lage sind, selbst eine Lösung zu finden. Dann möchten sie Tipps dafür geben, wie ein Problem zur allseitigen Zufriedenheit gelöst werden könnte. Denn sie haben damit viel mehr Erfahrung. Aber sie sollten es möglichst vermeiden, in einem Streit Partei zu ergreifen.

Eltern können Vorschläge machen, ohne sich zur Schuldfrage zu äußern. Sie können zum Beispiel den, der geschlagen wurde, trösten, ohne dabei dem, der geschlagen hat, eine Moralpredigt zu halten. Sie halten sich dadurch aus der Schuldfrage heraus und entziehen dem Schläger die Aufmerksamkeit, die ihn vielleicht dazu verführen könnte, diese Methode beizubehalten.

Keine schwarzen Schafe!

Vorgeprägte Einstellungen führen leicht dazu, dass ein Kind in die Rolle des schwarzen Schafs gedrängt wird, das immer Schuld hat, das man für die Sünden aller verantwortlich macht (siehe das Beispiel von Vicky, Seite 123 f.). Lassen Sie das nicht zu! Falls Sie so einen Anwärter zu Hause haben, der anscheinend nur Unsinn macht, notieren Sie mal einige Tage lang, was er sonst noch macht – Sie werden staunen, wie das Gewicht des Unsinns zusammenschrumpft.

Ein gut erzogenes Kind

Im Allgemeinen lesen Eltern einen Erziehungsratgeber, weil sie ihre Kinder möglichst gut erziehen möchten. Sie möchten gern irgendwann, wenn möglich bald, ein gut erzogenes Kind haben.

Und was ist das?

Oft nennt man ein Kind gut erzogen, wenn es höflich grüßt, „bitte" und „danke" sagt und älteren Leuten im Bus unaufgefordert seinen Platz anbietet.

Ist das alles?

Ich will Ihnen wenigstens zum Abschluss noch sagen, was ich unter einem gut erzogenen Kind verstehe, worauf Sie sich also einlassen, wenn Sie meinen Hinweisen und Ratschlägen folgen:

- Ein gut erzogenes Kind ist meistens anderen gegenüber freundlich und höflich, wenn es selbst freundlich und höflich angesprochen wird. Wird es angemeckert, gibt es womöglich mit gleicher Münze zurück.
- Ein gut erzogenes Kind gibt nicht unbedingt auf Kommando die Hand oder grüßt formvollendet. Aber es grinst freundlich zurück, wenn es gegrüßt wird.
- Ein gut erzogenes Kind ist selbstbewusst und besteht auf dem, was es für sein Recht hält. Es macht sich auch stark für die Rechte anderer.
- Ein gut erzogenes Kind fragt bei Anordnungen erst mal „warum?" und weigert sich, Regeln einzuhalten, deren Sinn es nicht versteht.
- Ein gut erzogenes Kind lässt sich nicht davon überzeugen, dass Erwachsene immer Recht haben. Es lacht, wenn sie Fehler machen oder karikiert ihre Schwächen.
- Ein gut erzogenes Kind lernt zwar gern, was es interessant findet, ist aber auch gern faul.
- Ein gut erzogenes Kind macht lieber mal Dummheiten mit, als seine Kumpels beim Lehrer zu verpetzen.
- Ein gut erzogenes Kind traut sich aber auch, „nein" zu sagen, selbst wenn alle anderen „ja" sagen.
- Ein gut erzogenes Kind ist zu Hause oft vorlaut und anstrengend und eigentlich ganz anders, als die Eltern sich das vorgestellt haben.

- Ein gut erzogenes Kind will zwar nicht unbedingt so werden, wie seine Eltern es haben wollen, weiß aber irgendwann recht genau, was und wohin es will.

Sicher werden Sie in einigen Punkten nicht ganz meiner Meinung sein oder es fehlt Ihnen etwas ganz Wichtiges.

Mein Entwurf soll Ihnen als Anregung dienen, darüber nachzudenken, was Sie selbst als wichtigste Ziele Ihrer Erziehung anstreben wollen.

Wenn Sie mögen, schreiben Sie es mir. (Der Verlag leitet Ihren Brief an mich weiter.)

Ich wünsche Ihnen auf dem Weg dahin alles Gute. Und lassen Sie sich durch den Alltagsfrust nicht unterkriegen.

Weiterführende Literatur

Dreikurs, R. / Soltz, V.: Kinder fordern uns heraus. Klett, 1966
Gordon, T.: Familienkonferenz. Rowohlt, 1980
Gürtler, H.: Kinderärger, Elternsorgen. Urania-Ravensburger, 1989
Gürtler, H.: So wird mein Kind selbstbewusst. Midena, 2000
Gürtler, H.: Kinder brauchen feste Regeln. Südwest, 1993
Gürtler, H.: Mit dem zweiten Kind wird alles anders. Südwest, 1995
Juul, J.: Das kompetente Kind. Rowohlt, 1997
Kast-Zahn, A. / Morgenroth, H.: Jedes Kind kann schlafen lernen. Oberste Brink, 1995